Social Harmony Promotion,
Human's Free and All-round Development
and the Building of Modern Fiscal System

促进社会和谐发展、
人的自由全面发展

与现代财政制度建设

胡振虎◎著

中国财经出版传媒集团

经济科学出版社
Economic Science Press

图书在版编目（CIP）数据

促进社会和谐发展、人的自由全面发展与现代财政制度
建设/胡振虎著 . —北京：经济科学出版社，2017.8
ISBN 978 - 7 - 5141 - 8364 - 1

Ⅰ.①促…　Ⅱ.①胡…　Ⅲ.①世界经济形势 – 研究
②中国经济 – 经济改革 – 研究　Ⅳ.①F113.4②F12

中国版本图书馆 CIP 数据核字（2017）第 206517 号

责任编辑：于海汛　李一心
责任校对：杨晓莹
责任印制：潘泽新

促进社会和谐发展、人的自由全面发展与现代财政制度建设

胡振虎　著
经济科学出版社出版、发行　新华书店经销
社址：北京市海淀区阜成路甲 28 号　邮编：100142
总编部电话：010 – 88191217　发行部电话：010 – 88191522
网址：www. esp. com. cn
电子邮件：esp@ esp. com. cn
天猫网店：经济科学出版社旗舰店
网址：http：//jjkxcbs. tmall. com
固安华明印业有限公司印装
710×1000　16 开　10.25 印张　130000 字
2017 年 8 月第 1 版　2017 年 8 月第 1 次印刷
ISBN 978 - 7 - 5141 - 8364 - 1　定价：32.00 元

摘　　要

2006 年 10 月 11 日，中国共产党第十六届中央委员会第六次全体会议审议通过了《中共中央关于构建社会主义和谐社会若干重大问题的决定》，不仅就社会主义和谐社会相关重大课题做出明确规定，而且提出了完善公共财政制度、逐步实现基本公共服务均等化的任务和要求。2013 年 11 月 12 日，中国共产党第十八届中央委员会第三次全体会议审议通过了《中共中央关于全面深化改革若干重大问题的决定》（以下简称《决定》）。《决定》提出一个重大理论观点，使市场在资源配置中起决定性作用和更好发挥政府作用。同时，《决定》还指出，财政是国家治理的基础和重要支柱，科学的财税体制是优化资源配置、维护市场统一、促进社会公平、实现国家长治久安的制度保障；同时，必须完善立法、明确事权、改革税制、稳定税负、透明预算、提高效率，建立现代财政制度，发挥中央和地方两个积极性。2015 年 10 月 29 日，中国共产党第十八届中央委员会第五次全体会议审议通过了《中共中央关于制定国民经济和社会发展第十三个五年规划的建议》（以下简称《建议》），提出"创新发展、协调发展、绿色发展、开放发展、共享发展"的新发展理念。《建议》要求，坚持共享发展，必须坚持发展为了人民、发展依靠人民、发展成果由人民共享，朝着共同富裕方向稳步前进。

面对全球化深刻变化和全球新变局，尤其是在中国经济进入新常态的新时期，如何建设社会主义和谐社会、如何实现共享发展以及如何建设现代财政制度，都是我们面临的重大课题。深入研究任何一个课题都具有重大意义，而且挑战巨大。然而，我们如果将促进社会和谐发展、人的自由全面发展与现代财政制度建设联系起来，将三者作为一个有机整体进行研究或许意义和挑战将更大。因此，本书尝试从对财政本质和功能的再认识、物与人的发展观的再调整、社会和谐发展的辩证认识、人的发展观的新界定等维度、视角，研究促进社会和谐发展、人的自由全面发展与现代财政制度建设的辩证关系与互动逻辑；而且，重点分析了应如何建设现代财政制度与财政政策体系，并提出应加强促进社会和谐发展与人的自由全面发展的现代财政制度建设的配套改革。本书共分六个部分：

第一章是导论。本部分阐释了本书的研究动因和意义，对主要概念、研究方法和逻辑结构进行了界定和介绍，并阐述了本书可能的创新点、展望了未来的研究方向。

第二章是文献综述和相关理论述评。本章综述了社会和谐、社会主义和谐社会、社会和谐发展、人的自由全面发展、现代财政制度等相关文献，并对和谐社会、社会和谐、人的自由全面发展、财政与财政制度等相关理论进行了述评，并重点阐述了对财政本质和功能的再认识。

第三章是社会和谐发展与人的自由全面发展的关系辨识。本章对社会主义和谐社会、人的自由全面发展及其相关概念的科学内涵做了辨析。基于此，本章重点辨析了社会和谐发展与人的自由全面发展的辩证关系。

第四章是现代财政制度是促进社会和谐发展与人的自由全面发展的重要制度保障。本章简述了当前中国社会和谐发展与人的自由全面发展存在的主要问题及影响因素，从风险视角分析了中国经济面临的外部环境，进而分析了中国完全具备实现促进社会和谐发展与人的自由全面发展的现实可能性和道路。基于此，本章分析了现代财政制度和政策在促进经济社会发展、现代治理、促进社会和谐发展与人的自由全面发展等方面的核心地位和作用。

第五章是促进社会和谐发展与人的自由全面发展的现代财政制度建设的总体构想。本章提出要创新改革思维，树立"协调观""体验观"和"大国财政观"，并以保障实现人的"权利、机会与能力"为切入点加强现代财政制度建设。

第六章是促进社会和谐发展与人的自由全面发展的现代财政制度建设的配套改革。基于前面几章的分析，本章对构建风险应对机制、推动经济体制改革、构建科学、合理、民主的决策机制等宏观体制环境进行了剖析，并对促进收入公平分配与统筹城乡发展的配套措施进行了研究。

通过梳理相关文献发现，本书可能的创新主要有以下几点：

一是尝试引入新的分析框架，将促进社会和谐发展、人的自由全面发展与现代财政制度建设结合起来分析。本书摆脱传统的过度重视物的发展观，将人的自由全面发展作为重要考量引入分析框架。物的发展无疑非常重要，没有最基本的经济增长，其他根本无从谈起，但人的发展也很重要。基于此，衡量和评价经济社会发展成果应转向重点考虑人的发展。而关于人的发展，也必须摆脱过去过分重视物质或者财富指标增长的认识，将人的主观评价与客观效用衡量结合起来进行分析。要促进人的自由全面发展，无疑必须植根于社会和谐发展。因此，要从促进社会和谐发展与人的自由全面发展二元互动的角度，讨论促进人的自由全面发展。那么，如何实现人的自由全面发展？本书认为，可以考虑从"权利、机会与能力"三维视角，研究促进人的发展。保障社会和谐发展与人的自由全面发展的制度和政策体系非常庞杂，其中现代财政制度和政策无疑是十分重要的制度。所以，本书较为系统地对现代财政制度和政策体系进行了研究，并提出要树立"协调观""体验观"与"大国财政观"，进而更有利于推动现代财政制度建设。

二是对作为政治经济学范畴的财政与作为社会组织系统职能的财政进行了初步探讨与辨析，本书认为作为经济学范畴的现代财政是政治经济学的基本概念，其本质是对处理财富与政治关系内涵的描述与概括，是一个复合型概念。广义的财政是对个人、一切社会组织（家庭、家族、部落、国家、联合国）处理财富与政治关系的态度与方式的描述与概括。凡是涉及人与财富关系的领域，无论是个体还是社会组织，都存在财政问题。个人或组织的财政问题一般称"理财"或"财务"，而国家、政府处理财富与政治关系问题则称为"财政"。狭义的财政是指有行政管理职能的社会组织处理财富与政治关系的价值取向与方式。本书重点是研究国家财政，更确切地讲是指政府财政。

三是提出了坚持科学财富观是获取与处理财富的基本前提的观点。科学财富观的提出，充实了科学发展观的内涵，也为合理获取与分配财富明确了指导思想。本书认为，坚持促进社会和谐发展与人的自由全面发展的发展观，必须树立科学的财富观与政治观。只有树立并坚持贯彻科学的财富观与政治观，才有可能不断完善有利于促进社会和谐发展与人的自由全面发展的现代财政制度与政策建设，保障实现构建社会主义和谐社会的战略任务与中华民族伟大复兴的"中国梦"。

四是根据现代财政本质与功能提出了加强现代财政制度、财政政策体系建设、优化政策结构的观点。本书认为，以促进社会和谐发展与人的自由全面发展为目的，以现代财政制度及其相关政策为基本框架的政策体系应该是一个协调的政策系统。这一政策系统不仅包括以货币形态财富的收支为主的货币政策、税收政策、支出政策，而且应该包括处理非货币形态财富的政策。为此，必须全面动态地分析国民的需求，科学规范现代财政的内涵，扩充财政政策调控的范围，不断完善现代财政制度和政策体系，优化现代财政制度和政策结构。

目 录
Contents

第一章

导　论

在经济社会发展的不同阶段，经济、政治、文化、社会、生态文明以及党的建设在内的所有领域，或多或少地将呈现一定的矛盾和问题。面对全球化深刻变化和全球新变局，尤其是在中国经济进入新常态时期，我们应更加深入地研究如何解决新的矛盾和问题，尤其是如何构建社会主义和谐社会、如何实现共享发展以及如何进行现代财政制度建设。就单个课题而言，研究的意义和挑战已足够大。如果将促进社会和谐发展、人的自由全面发展与现代财政制度联系起来，研究意义和挑战或许将更大。因此，本书从对财政本质和功能再认识、物与人的发展观的再调整、社会和谐发展的辩证认识、人的发展观的新界定等维度、视角出发，研究促进社会和谐发展、人的自由全面发展与现代财政制度建设的辩证关系与互动逻辑。

第一节　研究背景

一、研究动因

2006 年 10 月 11 日，中国共产党第十六届中央委员会第六次全体会议审议通过了《关于构建社会主义和谐社会若干重大问题的决定》。《关于构建社会主义和谐社会若干重大问题的决定》在认真总结中国共产党执政以来建设有中国特色社会主义的伟大成就及经验教训，特别是改革开放近30年成功经验的基础上，广泛吸收人类文明发展的重要成果，集人类关于社会建设发展思想、理念之大成，不仅对社会主义和谐社会的本质属性、构建社会主义主和谐社会的指导思想、目标任务、基本原则等重大问题做出了明确规定，而且就现阶段建设工作的主要内容和具体任务提出了指导性意见。其中，在"加强制度建设，保障社会公平正义"方面，还特别就财政制度建设提出"完善公共财政制度，逐步实现基本公共服务均等化"的任务和要求。由此可见，财税体制和财政制度建设在构建社会主义和谐社会过程中的重要地位和作用。《关于构建社会主义和谐社会若干重大问题的决定》颁布以后，学术界围绕《关于构建社会主义和谐社会若干重大问题的决定》涉及的重大理论和对策问题，如社会主义和谐社会的科学内涵、如何建设社会主义和谐社会以及如何完善公共财政制度等进行了广泛研究。

2013 年 11 月 12 日，中国共产党第十八届中央委员会第三次全体会议通过了《中共中央关于全面深化改革若干重大问题的决定》（以下简称《决定》）。《决定》在全面总结中国共产党执政以来建设有中国特色社会主义的伟大成就及经验教训，特别是改革开放 35 年来成功经验的基础上，广泛吸收人类文明发展的重要成果，深刻剖析了我国改革发展稳定面临的重大理论和实践问题，阐明了全面深化改革的重大意义和未来走向，提出了全面深化改革的指导思想、目标任务、重大原则，描绘了全面深化改革的新蓝图、新愿景、新目标。这次全会提出一个重大理论观点，使市场在资源配置中起决定性作用和更好地发挥政府作用。同时，《决定》还指出，财政是国家治理的基础和重要支柱，科学的财税体制是优化资源配置、维护市场统一、促进社会公平、实现国家长治久安的制度保障。而且，必须完善立法、明确事权、改革税制、稳定税负、透明预算、提高效率，建立现代财政制度，发挥中央和地方两个积极性。

2015 年 10 月 29 日，中国共产党第十八届中央委员会第五次全体会议提出了"创新发展、协调发展、绿色发展、开放发展、共享发展"的新发展理念，全会要求，坚持共享发展，必须坚持发展为了人民、发展依靠人民、发展成果由人民共享，朝着共同富裕方向稳步前进。人民是发展的主体，共享发展也被称为包容性发展，强调以人为本的发展观念，是保障民生福祉、实现全体人民共同迈向全面小康社会的根本要求。

由于社会主义和谐社会是一个全新的概念，构建社会主义和谐社会是一个长期复杂的社会历史过程，其涉及问题多、范围广、复杂程度高；同时，要真正实现共享发展，涉及的利益调整非常艰难，还需要设计很多相关制度和政策，也是一个渐进的过程。关于这些问题，虽然已形成大量较有分量的成果，但仍有很多重大理论与政策问题尚需深入探讨。其中，促进社会和谐发展与人的自由全面发展的逻辑关系如何厘清，财政发挥的作用该如何定位；而且，就现代财政制度建设而言，它不仅涉及财政本质和功能的核心问题，财政制度与其他制度的关系问题，还涉及在提出社会主义和谐社会构建战略目标任务后，财政职能如何转变，财政制度和政策如何调整等现实问题。同时，在全面建成小康社会、实现社会主义现代化、实现中华民族伟大复兴的新的历史时期，面临新的历史任务，我们对财政、财政制度进行了重新定位，赋予其更丰富的内涵。为了构建社会主义和谐社会与促进人的自由全面发展，应如何重新认识财政与现代财政制度、如何建设现代财政制度，都是值得深入研究的重大课题。

基于上述认识，结合专业背景、工作经验和体会，本书将从"促进社会和谐发展"与"促进人的自由全面发展"的二维视角就现代财政制度建设进行研究。

二、研究意义

通过梳理文献，本书认为本选题的研究意义主要体现在以下几个方面：

（一）尝试从集体与个体的视角研究现代财政制度建设的逻辑起点

如果侧重以促进社会和谐发展与人的自由全面发展为基准线，那么，现代财政制度的逻辑起点究竟应该是什么？实现什么样的社会以及促进人怎么发展才是现代社会应该实现的目标？瞄准以实现人的核心价值目标的现代财政制度的本质属性与科学内涵是什么？如何认识社会和谐发展及构建社会主义和谐社会与人的自由全面发展的关系？实现社会和谐发展的条件有哪些？现代财政制度设计、选择的目标和根据是什么？政策工具有哪些？等等。对上述重要理论问题的思考、研究和回答，显然具有重要的理论意义，这对于丰富和完善建设有中国特色社会主义理论和中国特色财政理论无疑都具有重要意义。

（二）尝试从新的视角回答现代财政制度建设的现实路径

从实践意义角度，本书将回答以下问题：我国现阶段要促进社会和谐发展与人的自由全面发展，将面临什么样的形势与任务？矛盾与问题有哪些？现代财政制度对解决社会矛盾与问题、促进人的自由全面发展的地位与作用如何？在人的自由全面发展观之下，现代财政制度应秉持什么样的发展观和理念？现代财政制度建设应如何具体推进？等等。对这些问题的回答，显然对解决社会矛盾和问题、促进人的自由全面发展，具有重大现实意义。

此外，对社会主义和谐社会与人的自由全面发展的理论与实践问题的研究和回答，对于马列主义中国化问题的表述具有重要意义。马克思列宁主义是我国经济社会建设发展的基本指导思想，建设有中国特色社会主义、全面建成小康社会、实现社会主义现代化、实现中华民族伟大复兴，就是要坚持以马克思的科学社会主义理论为指导，结合中国社会发展的历史经验和实际情况，走出一条符合中国实际情况的发展道路，并最终实现建成社会主义和谐社会的目标，进而丰富并发展马克思主义的社会发展理论。

第二节 主要概念的界定

本书涉及的基本概念主要有社会、社会和谐、社会主义和谐社会、和谐发展、人的自由全面发展、财政、现代财政制度等。为了便于分析和理解，首先需要界定本书的核心概念社会主义和谐社会、人的自由全面发展、现代财政制度以及与之相关的一系列基本概念。因此，现将本书涉及的主要概念界定如下。

一、社会

关于社会的概念，马克思主义经典作家的基本观点认为：第一，社会不是单个个人的堆积或简单相加，它是人们的联系或关系，是人们相互交往的产物，是全部社会关系的总和；第二，人们的交往首先是在生产、分配、交换、消费中发生的经济交往，因此，人们之间最基本的、决定其他一切的关系是生产关系。生产关系是社会的基础和本质，它是不以人们的意志为转移的客观物质关系。①

本书所说的社会是一种广义的社会，指的是人类生存生活的共同体，是人类在一定范围内以一定的物质基础②与制度规范③生存与发展的模式与状态。

二、社会和谐

我国古典文学名著中，关于"和谐"的经典表述很多，大多指"平衡、稳定、有度"，也指符合事物客观规律而行止有道、有节。其中，"和"，语出《易经》中的第一卦"乾卦"和《中庸》第一章，原文分别为"保合大和"④"发而皆中节谓之和"⑤。"谐"，语出《尚书·虞夏书·尧典》和《尚书·虞夏书·舜典》，原文分别为"瞽子，父顽，母嚚，象

---

① 郑杭生等：《社会学概论新修（第三版）》，中国人民大学出版社1994年版，第53页。
② 关于人类赖以生存、发展的物质基础，主要包括两个方面：一是自然物质基础，包括生存空间以及由生存空间决定的自然资源、自然环境、生态状况等；二是人类利用自身劳动能力与自然资源创造的物质财富。自然条件的优劣，物质财富的多寡，显然是决定人类生存、生活状态最为重要的基础。
③ 关于人类共同生活必须共同遵守的制度规范，一般包括经济制度、政治制度、组织管理制度、科技文化制度、伦理道德规范等。以上各种制度与规范，反映了一定社会形态的制度属性。
④ 赵安军：《易经译注》，团结出版社2015年版，第1页。
⑤ 张践：《中庸》，济南出版社2015年版，第13页。

傲，克谐。"[①] "八音克谐，无相夺伦，神人以和"[②]。此后，"和""谐"就一直作为我国传统文化的重要概念被广泛使用。"和"，主要指"和合""和顺"解。"谐"，主要作"谐和""调和"解。本书所讲的"和谐"，主要作统合、协调解。

自有人类社会以来，实现社会和谐就一直是人类共同追求的梦想。因此，社会和谐可以是一种理想或目标，也可以是一种社会秩序或状态。国外与之相对应的概念是社会均衡，其含义是指社会生活在功能上保持一种整合的趋向，社会体系中某一部分的变迁都会带来别的部分相应的变迁，结果是社会最终趋于平衡状态。很明显，社会均衡实际上也是一种对社会关系和秩序状态的描述。

据此，本书认为，社会和谐主要是指社会关系和秩序的优化状态。它包括两个方面的要求：一是社会系统中人与人之间相互关系与秩序的和谐或均衡；二是社会系统与之间相互关系和秩序的和谐或均衡。作为社会关系和秩序状态的和谐或均衡，在人类社会发展的不同历史阶段都是可控且可以实现的。

三、社会主义和谐社会

党的十六届六中全会做出的《关于构建社会主义和谐社会若干重大问题的决定》，对社会主义和谐社会概念的界定，显然包括两层含义：其一，作为全党全国各族人民共同愿望与理想的社会主义和谐社会，是一个不断化解社会矛盾的持续过程，因而它是一项伟大的战略任务，不可能一蹴而就，只能经过持续发展的历史过程才有可能实现。因而，《关于构建社会主义和谐社会若干重大问题的决定》提出的社会主义和谐社会，首先是作为最终目标和理想社会状态的社会界定的。其二，作为中国特色社会主义本质属性和内在要求的社会和谐进行界定的。社会主义和谐社会构建具有阶段性、积累性，是一个各阶段和谐发展，不断累进并最终实现理想状态目标的历史过程。邓子基（2005）指出，社会主义和谐社会是安定有序的社

① 陶新华译：《四书五经全译》，线装书局2016年版，第469页。
② 陶新华译：《四书五经全译》，线装书局2016年版，第472页。

会，是社会主义国家全体人民各尽其能、各得其所而又和谐相处的社会。①

根据研究目标，本书关于社会主义和谐社会的概念，主要从中国特色社会主义发展阶段社会和谐状态的角度来界定，也从建设富强民主文明和谐的社会主义现代国家内在要求的角度，将实现和谐发展作为社会主义和谐社会的本质属性。因而，从这一意义上讲，实现社会和谐发展的任何阶段，都可以称之为社会主义和谐社会。

四、人的自由全面发展

关于人的自由全面发展的思想，马克思做过多方面表述："人以一种全面的方式，也就是说，作为一个完整的人，占有自己的全面的本职。"② "把不同社会职能当作相互交替的活动方式的全面发展的个人。"③ "人不是在某一种规定性上再生产自己，而是生产出他的全面性。"④ "代替那存在着阶级和阶级对立的资产阶级旧社会的，将是这样一个联合体，在那里，每个人的自由发展是一切人的自由发展的条件。"⑤ 而且，马克思还指出未来社会将提倡"个人的独创和自由"，给每一个人提供全面地发展和表现自己全部能力的机会。关于人的自由全面发展的发展主体，马克思在不同语境下不同内涵，既包括个人的全面发展，也包括一切人的全面发展。

本书所讨论的"人的自由全面发展"，既指个人的潜力、才能和关系的发展，也指所有人的潜力、才能和关系的发展。

五、财政

自人类有活动记载以来，财政活动作为一种经济现象由来已久。从中

---

① 邓子基：《公共财政与和谐社会》，载于《厦门大学学报（哲学社会科学版）》2005 年第 6 期。

② 《马克思恩格斯文集》（第 1 卷），人民出版社 2009 年版，第 189 页。

③ 《马克思恩格斯文集》（第 5 卷），人民出版社 2009 年版，第 561 页。

④ 《马克思恩格斯文集》（第 30 卷），人民出版社 1995 年版，第 479 ~ 480 页。

⑤ 《共产党宣言》，人民出版社 2014 年版，第 51 页。

国古籍文献可以看出，"国用""国计""理财""大农令""大司农"等词以不同形式在不同时期、不同场合出现，既是中国一个时期经济活动的财政印记，也是一个朝代或历史时期对财政管理的不同认识和理念。据考证，清朝光绪二十四年，即 1898 年，在"戊戌变法"明定国是诏书中有改革财政、实行国家预算的条文，这是在政府文献中最初启用"财政"一词。①

现在一般意义所指的"财政"一词源于日本，1903 年传入我国，是对英文"Public Finance"（公共财务、公共财政）的意译。此后，在我国，"财政"一词就一直成为经济学最基本的范畴与概念。"财"一般指财富，"政"一般指政府或政治。由此可见，"财政"一词主要是概括财富与政治关系的概念。广义的财政包括一切社会个人与组织处理财富与政治关系理念、目的、方式的选择与规定，狭义的财政则主要是指社会组织，特别是国家处理财富与政治关系的选择与规定。

关于财政的内涵、本质属性和职能定位，国内有不少财政学奠基人做出了经典解释。许毅等（1987）指出，财政是国家为执行各种社会职能而参与社会产品分配的活动，其实质是国家在占有和支配一定份额的社会产品过程中与各方面发生的分配关系。② 高培勇（2004）表示，财政是政府集中一部分社会资源用于生产或提供公共物品及服务，以满足社会公共需要的活动，可简称为政府的收支活动。③ 陈共（2012）认为，财政是一个经济范畴，是政府集中一部分国民收入用于满足公共需要的收支活动，可简称为以国家为主体的分配活动。④ 还有从财政与经济主体关系的角度来阐释财政内涵的。何振一（2015）认为，经济主体（国家）不能决定经济关系（财政）；相反，任何经济主体都是一定的生产方式的产物，都是客观的经济关系的体现。不是国家主体凭借政治权力创造了财政关系，而是财政关系性质的变化，财政关系的阶级性，使国家成为占支配地位的财

① 陈共：《财政学》，中国人民大学出版社 1999 年版，第 24 页。
② 许毅、沈经农、陶增骥：《经济大词典·财政卷》，上海辞书出版社 1987 年版，第 1 页。
③ 高培勇：《财政学》，中国财政经济出版社 2004 年版，第 15 页。
④ 陈共：《财政学》，中国人民大学出版社 2012 年版，第 12 页。

政分配主体。①

党的十八届三中全会在以往关于财政概念的传统表述基础上，赋予财政概念全新的内涵："财政是国家治理的基础和重要支柱"。

本书所使用的财政（包括财政制度、财政政策等）主要是指狭义的财政，即社会组织，特别是国家的财政，具体指政府处理财富与政治关系的理念、方式、制度与政策，这也是本书的研究重点。

六、财政制度和现代财政制度

与对财政内涵和本质的讨论一样，对财政制度的讨论也一直是学术界的热点和重点。

对财政制度的讨论，一种典型观点认为财政制度是财政模式在上层建筑上的体现。李森（2017）认为，财政制度是财政类型及其所对应的财政模式在上层建筑层面的体现形式，以各种关于财政运作的法律、法规、文件、通知、规定等形式表现出来。财政模式则是财政运作的基本方式，它体现特定经济发展阶段财政的基本特征，规定着财政在社会经济生活中所扮演的角色，制约着财政与生产、分配、交换、消费等社会再生产诸环节的关系。② 另一种观点则认为，财政制度是制约分配关系的一系列规范。张青、李农（2015）指出，财政制度是政府为规范财政分配关系，在财政收支管理活动方面制定的法令、条例和施行办法的总称，是指导和制约财政分配活动的依据和准则。③

关于现代财政制度，学术界基本认为其是与现代社会相伴相生的财政制度。高培勇（2014）认为，所谓现代财政制度，最基本的内涵无非是让中国财税体制站在当今世界财政制度形态发展的最前沿，实现财税体制的现代化。④ 高培勇（2014）还指出，无论是公共财政制度或现代财政制

---

① 何振一：《理论财政学》，中国社会科学出版社 2015 年版，第 7～9 页。
② 李森：《现代财政制度视阈下财政理论的比较与综合》，中国财经出版传媒集团、经济科学出版社 2017 年版，第 24～26 页。
③ 张青、李农：《外国财政制度与管理》，高等教育出版社 2015 年版，第 1 页。
④ 高培勇：《论国家治理现代化框架下的财政基础理论建设》，载于《中国社会科学》2014 年第 12 期。

度，其思想的来源和基础并无多少不同，二者所揭示的实质内容亦无多少差异。现代财政制度与公共财政制度实质是一个具有一脉相承关系的统一体。[1] 李森（2017）指出，所谓现代财政制度则与现代财政类型相对应。从这个意义上讲，不仅市场经济条件下的公共财政模式所对应的公共财政制度是现代财政制度，而且计划经济条件下的生产建设性财政模式所对应的生产建设性财政制度也是现代财政制度，因为不管是公共财政模式还是生产建设性财政模式都同属现代经济条件下的财政类型。[2]

本书讨论的现代财政制度，其内涵和本质属性与党的十八届三中全会精神完全一致。

第三节　研究方法与逻辑结构

一、研究方法

本书研究方法由本书研究内容所决定，将主要运用系统分析方法研究问题。构建社会主义和谐社会与促进人的自由全面发展是一项复杂的社会系统工程，而要实现构建社会主义和谐社会与促进人的自由全面发展的系统目标，关键是如何实现系统结构演化过程中的均衡或和谐。因此，均衡分析是本书采用的主要分析工具。同时，社会系统演化是一个漫长的历史过程，历史作为现实的起点，有哪些经验教训可以借鉴，有何种智慧可以继承，这都需要进行历史分析。据此，历史分析方法也是本书采用的重要分析工具。

促进社会和谐发展与人的自由全面发展是构建社会主义和谐社会和实现中华民族伟大复兴的必由之路。无论是从社会发展的最终目标还是阶段

---

① 高培勇：《论国家治理现代化框架下的财政基础理论建设》，载于《中国社会科学》2014年第12期。

② 李森：《现代财政制度视阈下财政理论的比较与综合》，中国财经出版传媒集团、经济科学出版社2017年版，第24～26页。

性目标角度出发，重点是要回答财政制度、现代财政制度、财政政策等价值判断问题。既然价值判断是本书的核心问题，因此，本书所采用的主要是规范分析的方法。从如何处理财富与政治关系这一基本问题出发，现代财政制度、财政政策选择的价值理性显然比工具理性分析更重要。由此也可以认为，本书在研究方法上是政治经济学传统的回归，特别是对马克思政治经济学研究方法的回归。

为了验证价值选择的真理性，本书尽量利用必要的历史资料与数据证明或证实社会选择的合理性。很显然，验证材料和数据的运用属于实证研究的范畴，基于此，本书也采用了实证研究的方法。

二、逻辑结构

本书的逻辑结构是：以确定的系统目标——社会主义和谐社会与人的自由全面发展为根据，分析系统的性质，根据系统的性质研究系统的功能，根据系统功能的要求，研究系统的结构。很明显，系统结构是本书研究的重点。财政系统作为促进构建社会主义和谐社会与人的自由全面发展的子系统，是一个支持子系统。作为支持子系统，首先是财政目标的选择必须与促进社会和谐发展与人的自由全面发展目标相匹配，为社会发展与人的发展目标服务。为了实现既定的财政目标，必须研究财政制度的功能，财政制度的功能必须支持财政目标的要求。明确财政制度功能的选择后，必须解决财政政策系统的构成及其政策工具的选择。由上述逻辑结构可见，本书采用的是演绎而非归纳的逻辑方法。

第四节　主 要 内 容

从构建社会主义和谐社会与促进人的自由全面发展的战略目标出发探讨现代财政制度和政策选择的理论根据及现实条件，需要综合多学科理论知识和已有成果，并以此为基础进行新的思考和探索。由于构建社会主义和谐社会与促进人的自由全面发展是一项系统工程，其科学内涵与质的规定性尚须通过实践不断提供分析材料进行分析提炼和归纳，这不是本书探讨的重点。因此，本书从促进社会和谐发展与人的自由全面发展的角度切入研究问题，即以促进社会和谐发展与人的自由全面发展为目的探讨现代财政制度和财政政策的选择问题，据此形成的主要内容是以下几个方面。

一、促进社会和谐发展与人的自由全面发展，是构建社会主义和谐社会和实现中华民族伟大复兴的必由之路

构建社会主义和谐社会与促进人的自由全面发展是一项长期而又复杂的历史任务，社会和谐发展与人的自由全面发展具有明显的阶段性、递进性特征。因此，促进各阶段的社会和谐发展与人的自由全面发展，避免过程的起伏性、破坏性和偏差，提高效率和效果是实现目标的关键。据此，本书认为，促进社会和谐发展与人的自由全面发展，是构建社会主义和谐社会和实现中华民族伟大复兴的必由之路。只有实现社会各个阶段的经济社会和谐发展与人的自由全面发展，构建社会主义和谐社会和实现中华民族伟大复兴的最终目标才有可能实现，这是本书立论的基点。

二、从"协调观""体验观"与"大国财政观"视角论述现代财政制度建设

加强现代财政制度建设，既要坚持原有的财政制度建设理念和思维，同时也要推陈出新，创新与现代社会内涵相匹配的财政建设思路。现代财政制度要正确处理好几对关系，比如政府与市场、社会的关系，公平与效率的关系，集权与分权的关系，等等。同时，现代财政制度建设要充分尊重人的积极性，重视人的自由全面发展。在现代社会，互联网、通信、数字经济、共享经济等新技术、新经济、新商业模式不断涌现，现代财政与现代财政制度建设应遵循新的经济运行规律，更加重视人的体验，更加重视消费自由与服务。面对新的全球化格局、全球公共风险，新一轮全面改革更多的是着眼于国家治理体系和治理能力的现代化，也就是构建现代化的大国治理框架，与此相对应的是大国财政。站在全球治理、全球资源配

置与全球利益分享的角度，重新认识现代财政制度建设，才能真正实现社会和谐发展与人的自由全面发展。

三、从正确处理财富与政治关系角度论述现代财政对促进社会和谐发展与人的自由全面发展的地位和作用

促进社会和谐发展与人的自由全面发展，核心是正确处理财富与政治的关系，而要正确处理财富与政治的关系，就必须坚持树立科学的财富观与政治观。什么是财富？如何获取财富？如何使用财富？不同的财富观有不同的回答；同理，何谓政治？政治的本质和目的是什么？政治与财富的关系如何处理？不同的政治观有不同的回答。因此，坚持社会和谐发展与人的自由全面发展观，必须树立科学的财富观与政治观。坚持和谐发展观内容是以人为本，最终目的是实现人的自由全面发展。经济建设与政治文明建设，都是为实现人的自由全面发展服务的。现代财政担负着正确处理财富与政治关系的基本管理职能和任务，显然在促进社会和谐发展与人的自由全面发展过程中具有核心地位和作用，这是本书立论的前提。

四、以科学的财富观与政治观为指导加强现代财政制度与财政政策体系建设

以科学的财富观与政治观为指导的现代财政制度改革与政策选择，在坚持马克思主义关于经济与政治关系基本原理的同时，必须充分反映现代经济政治的时代特征与要求。现代社会财富的生产交换与分配消费方式已经发生深刻变化，社会行政管理方式也必须根据经济发展规模与方式的变化而变化，尤其要适应国家治理体系和治理能力现代化的要求。因此，现代财政制度改革与政策选择，必须根据现代财政的本质要求，不断调整制度改革与政策选择的视野与范围，其主要任务就是建设现代财政制度，并设计与现代财政制度相适应的政策体系。建设现代财政制度与重构财政政策体系，是本书研究的重点。

第五节　可能的创新点和研究展望

一、可能的创新点

通过梳理相关文献，本书认为，可能的创新主要有以下几点：

一是尝试引入新的分析框架，将促进社会和谐发展、人的自由全面发展与现代财政制度建设结合起来分析。本书摆脱传统的过度重视物的发展观，将人的自由全面发展作为重要考量引入分析框架。物的发展无疑非常重要，没有最基本的经济增长，其他根本无从谈起，但人的发展也很重要。基于此，衡量和评价经济社会发展成果应转向重点考虑人的发展。而关于人的发展，也必须摆脱过去过分重视物质或者财富指标增长的认识，将人的主观评价与客观效用衡量结合起来进行分析。要促进人的自由全面发展，无疑必须植根于社会和谐发展。因此，要从促进社会和谐发展与人的自由全面发展二元互动的角度，讨论促进人的自由全面发展。那么，如何实现人的自由全面发展？本书认为，可以考虑从"权利、机会与能力"三维视角，研究促进人的发展。保障社会和谐发展与人的自由全面发展的制度和政策体系非常庞杂，其中现代财政制度和政策无疑是十分重要的制度。所以，本书较为系统地对现代财政制度和政策体系进行了研究，并提出要树立"协调观""体验观"与"大国财政观"，进而更有利于推动现代财政制度建设。

二是对作为政治经济学范畴的财政与作为社会组织系统职能的财政进行了初步探讨与辨析，本书认为作为经济学范畴的现代财政是政治经济学的基本概念，其本质是对处理财富与政治关系内涵的描述与概括，是一个复合型概念。广义的财政是对个人、一切社会组织（家庭、家族、部落、国家、联合国）处理财富与政治关系的态度与方式的描述与概括。凡是涉及人与财富关系的领域，无论是个体还是社会组织，都存在财政问题。个人或组织的财政问题一般称"理财"或"财务"，而国家、政府处理财富与政治关系问题则称为"财政"。狭义的财政指有行政管理职能的社会组织处理财富与政治关系的价值取向与方式。本书重点是研究国家财政，更确切地讲是指政府财政。

三是提出了坚持科学财富观是获取与处理财富的基本前提的观点。科学财富观的提出，充实了科学发展观的内涵，也为合理获取与分配财富明确了指导思想。本书认为，坚持促进社会和谐发展与人的自由全面发展的发展观，必须树立科学的财富观与政治观。只有树立并坚持贯彻科学的财富观与政治观，才有可能不断完善有利于促进社会和谐发展与人的自由全面发展的现代财政制度与政策建设，保障实现构建社会主义和谐社会的战略任务与中华民族伟大复兴的"中国梦"。

四是根据现代财政本质与功能提出了加强现代财政制度、财政政策体系建设、优化政策结构的观点。本书认为，以促进社会和谐发展与人的自由全面发展为目的，以现代财政制度及其相关政策为基本框架的政策体系应该是一个协调的政策系统。这一政策系统不仅包括以货币形态财富的收支为主的货币政策、税收政策、支出政策，而且应该包括处理非货币形态财富的政策。为此，必须全面动态地分析国民的需求，科学规范现代财政的内涵，扩充财政政策调控的范围，不断完善现代财政制度和政策体系，优化现代财政制度和政策结构。

二、研究展望

以促进社会和谐发展与人的自由全面发展为目的探讨现代财政制度建设与政策选择，对笔者而言是一个高难度的重大课题。受学术水平、研究能力、研究时间的限制，本书还存在很多需要进一步研究的问题，如构建社会主义和谐社会与促进社会和谐发展的关系问题，人的自由全面发展与现代财政制度建设的关系问题，现代财政制度与财政政策的关系问题，财政政策与其他社会经济政策的关系问题等，都只是初步触及，未能进行深入研究。

本书仍存在很多不深入、欠推敲的地方，对于尚需研究的问题，笔者将设计后续研究计划，在后续研究中逐步探讨，比如，构建促进社会和谐发展、人的自由全面发展与现代财政制度的理论模型，现代财政制度促进两者发展的具体制度，等等。至于现有研究内容中存在的问题，在文责自负的前提下，笔者将虚心接受各位前辈及同人的批评与指证，若能与各位前辈和同人一起就上述问题进行深入研究和讨论，笔者将倍感幸运。

第 二 章

文献综述和相关理论述评

　　自科学发展观、社会主义和谐社会、共享发展理念和现代财政制度等概念被提出来后，逐渐引起学术界重视并加强了关于和谐社会、社会和谐发展、人的发展等方面课题的研究；同时，有关社会和谐、和谐社会、人的自由全面发展等相关的理论文献也不断增多。本章将重点综述相关文献并对相关理论进行述评。

第一节　文　献　综　述

一、关于和谐社会与社会和谐发展的文献

（一）关于和谐社会与社会和谐发展的内涵

　　无论是党的十六届六中全会之前抑或是之后，对和谐社会、社会主义和谐社会进行研究的文献可谓汗牛充栋，对其内涵的研究主要集中在以下几个方面。

　　首先，几乎所有文献都认为，建设和谐社会、促进社会和谐发展是历史必然、民心所向。作为共产主义、社会主义社会建设的一个阶

段性目标，和谐社会应与共产主义社会保持一种理想上的相通性，因为唯有这样才能保证我们和谐社会建设过程中的基本政治立场和价值追求。①

其次，包心鉴（2005）②、宋方青等（2015）③ 等认为，社会主义和谐社会，既是一种社会理想，又是一种社会实践；和谐社会是一种法治社会，和谐社会建设与法治社会建设应同步进行。同时，和谐社会立法的价值取向是以人为本、以人权为本。

最后，强调和谐社会、社会和谐发展与全面建设小康社会、科学发展观的辩证关系以及科学内涵。邓子基（2005）认为，构建社会主义和谐社会与全面建设小康社会是有机统一的。同时，构建社会主义和谐社会与树立和落实科学发展观也是有机统一的。科学发展观是从发展理念、发展思路等方面来促进社会发展与社会治理，这是从发展角度求和谐。它强调的是发展的全面性、协调性和可持续性，注重的是经济发展、政治发展、文化发展、社会发展、人的发展的平衡以及人与自然的和谐，实现发展的和谐与完美。构建社会主义和谐社会则是从社会关系、社会状态方面反映和检验落实科学发展观的成效，这是从和谐的角度促发展。它强调的是社会发展的进步性、合理性和稳定有序性，注重的是对人的利益充分保护，使人的价值充分体现，各尽其能，各得其所，和谐相处，以求在和谐中推进发展，在发展中提升和谐。④ 汤啸天、王晓晶（2006）认为，社会公正是和谐社会的重要内容，实现社会公正要求兼顾各种不同主体的利益关系，达到共存、共生、共荣。利益不是单纯用货币计算的经济概念，而是一个权利行使范围及其受保障程度的法律概念。社会和谐发展，是追求社会各种利益关系之间以及人类与自然之间的平衡状态，在公平原则下承认差异，在差别中形成共存、共

---

① 宋方青等：《立法与和谐社会：以人为本的理论基础及其制度化研究》，法律出版社，2015 年版，第 8 页。

② 包心鉴：《以人为本与和谐社会》，载于《文汇报》2005 年 7 月 11 日。

③ 宋方青等：《立法与和谐社会：以人为本的理论基础及其制度化研究》，法律出版社，2015 年版，第 17～28 页。

④ 邓子基：《公共财政与和谐社会》，载于《厦门大学学报（哲学社会科学版）》2005 年第 6 期。

生、共荣的格局。① 胡兵（2009）认为，"每个人的全面而自由的发展"这一基本原则的时代价值和现实意义，就在于引导民主联合的"现实的个人"，历史地扬弃作为被剥削者的劳动者和作为剥削者的所有者，使每个人都成为劳动所有者，成为拥有个人所有权、个人民主权和个人自由权的主体，成为自由联合劳动的共同体即自由人联合体中的一员。这个联合体的初级形态已经历史地形成，它就是我们今天正在努力构建的社会主义和谐社会。②

（二）关于和谐社会与社会和谐发展的实现路径

毋庸置疑，实现和谐社会与促进社会和谐发展需要很多支撑条件。其中，观念、意识和制度特别关键。

其一，应确立正确的发展观。周小亮（2011）认为，和谐社会视角下应确立新的"共享式"和"均衡式"的以人为本改革开放观，要以人的全面自由发展为最高目标，在富民优先发展战略下重塑体制改革绩效评价，促使利益失衡向利益分享公平、发展机会公平，构建"橄榄型"社会阶层结构，并最终实现共同富裕。③ 李永杰、郭彩霞（2012）认为，应更广泛地关注社会和谐发展中的热点问题，比如，国家与公民社会组织在社会和谐发展中所扮演的角色、物质层面的发展与文化层面的发展之间的协调、个体与群体的关系及和谐的现代性与前现代性。④

其二，应关注制度建设。马桂萍（2011）认为，促进社会和谐是新时期全面建设小康社会的一个重要问题。加强制度建设、保障社会公平正义，是构建社会主义和谐社会、促进社会和谐发展的一个重要方面。马克思、恩格斯关注人类社会制度演进和选择。制度规范和调整人的行为及社会关系，是生产关系及其所体现的社会关系的凝结和固化。制度富有价

---

① 汤啸天、王晓晶：《促进利益平衡　实现社会和谐发展》，载于《红旗文稿》2006年第22期。

② 胡兵：《每个人的全面而自由的发展基本原则论纲》，知识产权出版社2009年版，第5页。

③ 周小亮：《和谐社会构建中体制改革绩效评价问题研究》，经济科学出版社2011年版，第6页。

④ 李永杰、郭彩霞：《社会和谐发展研究应予以关注的几个问题》，载于《理论月刊》2012年第4期。

值，是需要演进变迁的。社会制度是对社会全部制度的抽象，是一个制度体系。促进社会和谐，必须关注制度的价值功能，对现存制度进行综合系统的整合。①

（三）关于和谐社会、社会和谐发展与其他方面的关系

经济社会发展中，涉及资源配置、各种利益平衡，需要有效处理与应对。因此，建设和谐社会、促进社会和谐发展应妥善处理好各种关系。蔡思复（2006）认为，为了抑制收入差距急剧扩大的趋势，克服社会公平与经济增长相悖现象，必须关注社会公平。鉴于此，应实行兼顾公平与效率的发展战略，替代"效率优先，兼顾公平"的增长理念。即应实行以人为本的公平与增长并重的发展战略，促进经济社会和谐发展。② 毛玉美（2007）认为，正确处理好稳定与发展的关系是邓小平政治稳定思想中的重要内容。在稳定与发展的关系中，政治稳定是经济社会发展的前提条件，经济社会发展是政治稳定的可靠保障，经济社会的和谐发展和政治稳定是联系与矛盾的对立统一体。③ 李桂荣（2009）认为，中华人民共和国成立后，毛泽东在建立和发展社会主义基本制度的实践过程中提出的一系列重大方针政策，体现了社会和谐发展的思想：协调经济建设中的各种关系，促进经济和谐发展的思想；确立和谐的民主建设目标，实现政治民主的思想；实行"双百"方针，促进文化繁荣的思想；正确认识和处理人民内部矛盾，保证社会生活稳定与和谐的思想。④

---

① 马桂萍：《马克思恩格斯制度观及其对社会和谐发展的重要价值》，载于《当代世界与社会主义》2011 年第 1 期。

② 蔡思复：《兼顾公平与效率　促进经济社会和谐发展》，载于《中南财经政法大学学报》2006 年第 2 期。

③ 毛玉美：《邓小平政治稳定与经济社会和谐发展思想论析》，载于《江西社会科学》2007 年第 6 期。

④ 李桂荣：《毛泽东的社会和谐发展思想及其启示》，载于《思想理论教育导刊》2009 年第 11 期。

二、关于人的自由全面发展的文献

（一）关于自由及人的本质

要认识人的自由，全面准确地认识自由的本质是前提。首先，自由是相对的，绝对自由是一种理想状态。冯·哈耶克（2016）指出，自由是指一个人不受制于另一个人或另一些人因专断意志而产生的强制状态，亦常被称为个人自由或人身自由的状态。这种对自由含义所做的粗略界定，表明它所指的是一种生活于社会中的人可能希望尽力趋近但却很难期望完全实现的状态。[①] 从发展的角度认识自由。阿马蒂亚·森（2002）认为，以人为中心，最高的价值标准就是自由。自由是发展的核心。[②] 其次，从人的需求角度认识人的本质。马斯洛的基本需要层次理论是一种包含多项联系的复杂结构：基本需要按优势或力量的强弱排列成一种层次系统；层次的基础是生理需要，往上依次是安全需要、归属与爱的需要、尊重的需要、自我实现的需要；层次的顺序是相对的，不是固定不变的；动机的发展是交叠的，即一种需要只要得到某种程度的满足而不是百分之百的满足就可能产生新的更高层次的需要；高层与低层需要存在着性质差异（马斯洛，2003）。[③]

（二）关于衡量人的价值

关于如何衡量和评价人的价值，学术界认为应从成就和自由等方面来观察和判断。阿马蒂亚·森（2016）认为，个人在社会排序中的相对位置可以从两个方面来判断：（1）实际成就；（2）可实现成就的自由。成就涉及的是我们通过努力实现了的事物，而自由涉及的则是实际机会——我们借以实现自身价值的机会。这两者未必总是一致的。当然，判断成就的

---

① ［英］弗里德里希·奥古斯特·冯·哈耶克著，石磊编译：《哈耶克论自由文明与保障》，中国商业出版社 2016 年版，第 1~2 页。

② ［印］阿马蒂亚·森著，任赜、于真等译：《以自由看待发展》，中国人民大学出版社 2002 年版，第 3 页、第 9 页。

③ ［美］马斯洛著，成明编译：《马斯洛人本哲学》，九州出版社 2003 年版，第 62 页。

方法不止一种，比如效用（如已获得的快乐或实现了的欲望等）、财富（如获得的收入或享受到的消费）或生活质量（如生活标准的某种指标）等。① 新自由主义则认为要重视和尊重人性尊严和个人政治思想自由。新自由主义是一种政治经济实践的理论，该理论认为，通过在一个制度框架内——此制度框架的特点是稳固的个人财产权、自由市场、自由贸易——释放个体企业的自由和技能，能够最大限度地促进人的幸福。新自由主义思想的奠基性人物认为，关于人性尊严和个人自由的政治思想至关重要，是"文明的核心价值"（大卫·哈维，2016）。②

（三）关于人的自由全面发展与"以人为本"

一方面，从现代人类文明价值取向高度来认识人的自由发展。人终于成为与社会结合的主人，从而也就成为自然界的主人，成为自身的主人——自由的人（恩格斯，2014）。③ 常修泽（2015）表示，促进人的全面发展，是现代人类文明发展的基本价值取向。为此，应大力倡导以人为导向的发展理念。"人的三层含义论"主张，人的含义应从三个维度把握：横向上"全体人"（而不是"部分人""多数人"或"大多数人"），强调"惠及全体居民"；纵向上"多代人"（而不仅仅局限于"当代人"），强调"本代公平"与"代际公平"并重；内核上"多需人"（而不是"单需人"），特别强调包括人的尊严在内的"高端人本"。④ 另一方面，一些学者从中国传统价值观出发，将人的发展与社会主义建设联系起来认识和理解。叶汝贤、王征国（2012）认为，"以人为本"是对物化社会的超越，是社会主义建设的核心理念。⑤ 曹飞等（2012）认为，"以人为本"是社会主义意识形态的本质所在，是社会主义核心价值体系的内核，亦即

---

① ［印］阿马蒂亚·森著，王利文、于占杰译：《再论不平等》，中国人民大学出版社2016年版，第31~32页。

② ［美］大卫·哈维著，王钦译：《新自由主义简史》，上海译文出版社2016年版，第2~5页。

③ 中共中央马克思、恩格斯、列宁、斯大林著作编译局：《社会主义从空想到科学的发展》，人民出版社2014年版，第81页。

④ 常修泽：《人本型结构论——中国经济结构转型新思维》，时代出版传媒股份有限公司、安徽人民出版社2015年版，第66~67页。

⑤ 叶汝贤、王征国：《以人为本与科学发展观》，社会科学出版社2012年版，第1~20页。

社会主义核心价值。"以人为本"价值体系就是社会主义核心价值体系。只有从"以人为本"思维解读社会主义核心价值体系，才能从根本上理解社会主义核心价值体系，才能把握社会主义核心价值体系的真谛。[①] 张艳玲（2010）认为，坚持"以人为本"，必须转变经济发展方式，提升全民社会福祉；必须关注"民生之本"，千方百计扩大就业；必须关注弱势群体，充分体现发展成果人民共享；必须把人的全面自由发展摆在发展的核心位置。[②]

三、关于财政、财政制度与现代财政制度的文献

（一）关于财政制度与现代财政制度

理解现代财政制度的基础是清晰界定财政制度。不同学者站在不同视角对财政制度做出了不同解读。白彦锋等（2016）认为，财政制度是国家汲取和使用财政资源的方式。[③] 李森（2017）表示，财政制度是财政类型及其所对应的财政模式在上层建筑层面的体现形式，以各种关于财政运作的法律、法规、文件、通知、规定等形式表现出来。财政模式则是财政运作的基本方式，它体现特定经济发展阶段财政的基本特征，规定着财政在社会经济生活中所扮演的角色，制约着财政与生产、分配、交换、消费等社会再生产诸环节的关系。[④] 包含于财政制度中的制度很多，其中一个重要的制度是财政体制。财政部干教中心（2014）指出，财政体制是处理中央财政和地方财政以及地方财政各级之间的财政关系的基本制度，财政体制的核心是各级预算主体的独立自主程度以及集权和分权的关系问题。财政体制又被称为"预算管理体制"或"政府间财政关系"。财政体制主要

①　曹飞等：《"以人为本"社会主义核心价值体系探索》，人民出版社 2012 年版，第 1 页。

②　张艳玲：《论〈以人为本〉：从马克思的唯物史观到科学发展观》，中国社会科学出版社 2010 年版，第 253 ~ 265 页。

③　白彦锋、张静：《国家治理与我国现代财政制度构建》，载于《河北大学学报（哲学社会科学版）》2016 年第 1 期。

④　李森：《现代财政制度视阈下财政理论的比较与综合》，中国财经出版传媒集团、经济科学出版社 2017 年版，第 24 ~ 26 页。

涉及以下内容：（1）确定预算管理主体和级次，一般是一级政权构成一级预算主体；（2）预算收支的划分原则和方法；（3）预算管理权限的划分；（4）预算调节制度和方法。① 马海涛（2015）表示，现代财政管理体制应当具有以下几个特征：中央财政拥有绝对优势的调控能力，政府间事权与支出责任清晰，税种结构相对现代，税种划分体现经济效率，政府间转移支付制度相对稳定，政府间"事权与财权相匹配、支出责任与财力相匹配"。② 贾康、刘薇（2015）表示，财政收支机制与安排要在"五位一体""四个全面"的框架下，全面体现国家治理意图。财税体制改革要把创造机会均等、维护社会正义放在突出位置，既加快财税自身改革，又积极支持配合相关改革，着重建立机制、促进包容。③

对现代财政制度，学者和官员有不同的理解和解读。其中，比较典型的观点如下：赵晔（2017）表示，现代财政制度体现民主财政和法制化财政理念，是一套由专门部门主导，多部门制衡，与国家现代化建设目标一致的财政制度，其具体内容是一整套既符合现代社会特点，又能适应未来复杂性与不确定性的动态治理要求的专门财政治理技术。④ 楼继伟（2015）从财政制度与现代财政制度两个角度阐释了其对这些核心观念的理解：财政制度安排体现并承载着政府与市场、政府与社会、中央与地方等方面的基本关系，在国家治理体系中处于基础位置，深刻影响着经济、政治、文化、社会、生态文明、国防等领域。古今中外的实践表明，人类国家史上的每一次重大变革，无不渗透着深刻的财政原因。建立现代财政制度是对现行财税体制的继承与重构。现代财政制度是国家治理现代化的重要基础，深化财税体制改革、建立现代财政制度，既是对现行财税体制和制度的继承与创新，又是适应国家治理现代化新形势，对财税体制等基础制度的系统性重构。总体上讲，现代财政制度在体系上应建立全面规范、公开透明的预算制度，公平统一、调节有力的税收制度，中央和地方

---

① 财政部干部教育中心：《当代中国财政理论与实践》，中国财政经济出版社 2014 年版，第 154～155 页。

② 马海涛：《现代财政制度建设之路——"十三五"时期我国财政改革与发展规划》，中国财政经济出版社 2015 年版，第 280～284 页。

③ 贾康、刘薇：《财税体制转型》，浙江大学出版社 2015 年版，第 120 页。

④ 赵晔：《改革开放以来中国财税体制改革研究》，西南交通大学出版社 2017 年版，第 22 页。

事权与支出责任相适应的制度；在功能上要坚持公共财政的定位，体现市场在资源配置中起决定作用和更好发挥政府作用的要求，不"越位"、不"缺位"，发挥财政制度稳定经济、提供公共服务、调节分配、保护环境、维护国家安全等方面的职能；在机制上应符合国家治理体系和治理能力现代化的新要求，形成公开透明、权责对等、有效制衡、运行高效、可问责、可持续的制度安排。①

（二）关于人的发展与财政的关系

1. 分工的视角

宋丙涛（2015）认为，财政的出现是人类社会发展史上第一个，也是最重要的社会大分工的结果，而人类社会的发展进程就是财政制度变迁、财政效率提高的历史。中国财税体制改革的基本思路是改进政府服务的方向，从基本的生存保障提供，转向市场经济发展条件的创造。让市场经济主体、国际竞争第一线的参与者参与公共服务内容的讨论与决策，是中国现代财税制度构建的关键。②

2. 政府作用的视角

哈维·S·罗森（2003）认为，个人及其需要是主流经济学的主要焦点。然而，在个人主义的传统中，关于政府应该有多大的积极作用，还有很多的争论。因此，持机械论观点本身并没有给我们提供一种思想，即告诉我们应当采取哪种特定的经济干预。这一点很重要，因为经济政策并不仅仅以经济分析为依据。政府进行（或不进行）某项活动的合理性，不可避免地在一定程度上取决于伦理和政治上的判断。③ 张勇等（2015）也表示，财政形式上是政府之财，实质上是民众之产，每一笔财政资金的注入和流出都与普通百姓的日常生活有着千丝万缕的联系，动之心须慎之又慎。构建科学高效的现代公共财政体系就应当紧扣民生主题，为百姓之苦

---

① 楼继伟等：《深化财税体制改革》，人民出版社2015年版，第1~10页。

② 宋丙涛：《英国崛起之谜——财政制度变迁与现代经济发展》，社会科学出版社2015年版，第276~284页。

③ ［美］哈维·S·罗森著，赵志耘译：《财政学》（第六版），中国人民大学出版社2003年版，第6~7页。

而苦，因百姓之乐而乐。换句话说，政府理财，民众生福。"财政改革"和"民生改善"共涉及百姓生活的十个方面，分别是吃饭、居住、出行、教育、文化、就医、养老、就业、安全和环境。①

3. 实现人的发展的视角

马斯洛（2003）表示，促进成长或自我实现的机制在于：（1）增加向成长方向的力量（动力），使成长具有吸引力和更乐于出现。（2）充分缩减成长畏惧。（3）充分缩减向安全方向的向量（动力）。即使它减少吸引力。（4）充分增加对完全、防御、病态和倒退的厌弃。② 中国发展基金会（2010）表示，从过去200多年国际城市化的发展进程来看，城市化为人的全面发展提供了巨大的潜在机会，包括促进经济发展和提高人民生活水平，推动公共服务的普及以及提高公共服务质量，推动社会治理的完善，缩小城乡和地区发展的差距，等等。但是，这种潜在机会能否转化为现实，在很大程度上取决于政府公共政策的导向，一个国家的土地政策、经济发展方式，以及就业、住房、社会保障等公共服务的供给及公平分配等。③

第二节　关于社会和谐发展与人的自由全面发展相关理论的述评

一、关于和谐社会与社会和谐发展的理论

经济学中与社会和谐或和谐社会相关的理论主要有"社会均衡论""福利经济理论""公共选择理论""社会市场经济论"等。

（一）关于社会均衡

关于社会均衡的思想，可以追溯到英国经济学家亚当·斯密的不朽巨

---

① 张勇等：《民生财政》，中国发展出版社2015年版，第2页。

② ［美］马斯洛著，成明编译：《马斯洛人本哲学》，九州出版社2003年版，第315页。

③ 中国发展研究基金会：《中国发展报告2010——促进人的发展的中国新型城市化战略》，人民出版社2010年版，第8页。

著《道德情操论》和《国民财富的性质和原因的研究》（以下简称《国富论》）。《道德情操论》出版在前（1759 年），《国富论》初版出版在后（1776 年），前后相隔 17 年之久。由此可见，斯密研究道德哲学在前，研究国民财富在后。从《道德情操论》可以看出，斯密主张限制个人欲望以缓和社会矛盾和冲突。有人认为，《道德情操论》里描写的有思虑人物的情操，就是他自己的个性。他自问："一个人身体健康、不欠债务、问心无愧，那么他的幸福将何以复加?"[①] 这段话就充分反映他是一个欲望不强的所谓"本分人"。《国富论》正是斯密在坚持这一道德情操的前提下，提出了"劳动创造财富、创造价值"的基本理论。这一伟大理论的提出，奠定了斯密成为经济学一代宗师的崇高地位。从主张限制个人欲望的道德情操，到提出"劳动创造财富，创造价值"的理论。"看不见的手"是一种对从利己出发的活动进行调节、从而使私利与公益协调的力量。这种力量在经济生活中表现为经济规律，在政治生活中表现为社会法规；它的作用是实现经济均衡、政治均衡。我们不难看出，这是斯密有关控制论思想和社会均衡思想的萌芽。

继斯密之后，对社会均衡或和谐的理想追求便沿着两条不同的思想路径不断发展，一条是马克思的经济学理论和科学社会主义思想，另一条则是被马克思称为"庸俗经济学"的经济理论。在"庸俗经济学"理论发展过程中，法裔瑞士经济学家瓦尔拉斯率先提出了经济均衡的思想，此后英国经济学家阿尔弗雷德·马歇尔和英国社会学家赫伯特·斯宾塞先后在自己的著作中都提到了社会均衡的概念。他们对社会均衡的解释是：社会生活在功能上保持一种整合的趋向，社会体系中某一部分的变迁都会给别的部分带来相应的变迁，其结果是社会趋于平衡。这一概念反映了当时经济学和社会学家们的两种愿望：一是试图构建社会现象之间相互关系的模型；二是试图描绘最理想、最和谐的社会状态。第一个建立均衡经济模型的是瑞士经济学家瓦尔拉斯。瓦尔拉斯在《纯粹经济学要义（或译为"社会财富的理论"）》一书中首先提出了整个经济的均衡思想，即通常所说的一般均衡理论。20 世纪 20～30 年代，瓦尔拉斯的后继者，意大利经

---

① ［英］亚当·斯密著，蒋自强等译：《道德情操论》，商务印书馆 1999 年版，第 54 页。

济学家、社会学家 V. 帕雷托和美国社会学家塔尔科特·帕森斯最终完善了这一理论。至此，经济均衡论便成为经济学的主流理论之一。显然，经济均衡是社会均衡或社会和谐的基础。

(二) 关于福利经济

现代福利经济学体系是由英国剑桥学派的阿瑟·塞西尔·庇古建立起来的。庇古 1912 年出版《财富与福利》一书，1920 年再版时改为《福利经济学》。庇古认为，经济学的宗旨，就是要用经济学作为"改善人们生活的工具""要制止环绕我们的贫困和肮脏，富有家庭的有害奢侈，以及笼罩在穷苦家庭朝不保夕的命运等罪恶。""影响任何国家经济福利的经济原因，不是直接的，而是通过经济福利的对应物，即经济学家们所谓的国民收入的形成和使用……经济福利和国民收入是对等的，对其中之一的内容的任何表述，就意味着对另一个内容的相应表述。""社会经济福利的标志是：第一，国民收入总量越大，福利越大；第二，收入分配越平均，福利越大。"自 1939 年以后，新福利经济学继之而起，在英美各国风靡一时，代表人物有勒纳、卡尔多、希克斯、伯格森、萨缪尔森等人。他们从基数效用论转到序数效用论，排除了效用在个人之间的比较。福利经济学的核心是实现帕累托最优（Paretian Optimum）所必需的一系列边际条件。[1]

福利经济学关于经济学的宗旨就是要提高国民福利，提高国民福利最好的办法：一是发展生产、增加国民收入；二是改善国民收入的分配情况，实现收入分配均等化的基本思想或理论，显然对实现社会和谐具有重要指导意义。第二次世界大战以后，西方国家，特别是西欧、北欧国家，采取向穷人倾斜的收入分配政策，如开征遗产税、提高收入累进税率、实行普遍的社会保障制度、公费教育制度；大力发展公共工程建设、法律制度和政策制度建设等，其对缓解社会矛盾、促进社会和谐，显然发挥了巨大作用。

---

① ［英］李特尔著，陈彪如译：《福利经济学评述》，商务印书馆 2016 年版。

（三）关于公共选择

关于公共选择理论，传统的经济学家、政治家，不管他们关于国家行为和政治行为的分析在理论上有多大差异，但都是把国家作为"公正的道德化身"来对待的，认为政治家们是自觉地代表社会上多数人的利益行事的。然而，事实证明，认为经济当事人与政治当事人行为动机截然相反的观点与事实不符。最早发现并指出这一矛盾的是瑞典经济学派的克努特·维克赛尔。他在1896年出版的《公平税赋的新原理》一书中指出："传统的公共财政理论是建立在超利益的、能够实现真善美共同目标的至高无上的国家的基础之上的"，但事实并非如此，他认为："公共财政活动不应是政治权力结构的结果，而应是人们在自愿基础上的选择和交换的结果。而且，就连政治权力制度本身也是如此。"自公共选择概念被提出来之后，被称为现代公共选择之父的邓肯·布莱克指出，公共选择在本质上是利用经济学的工具解决传统上属于政治科学的一些问题。[①] 詹姆斯·M·布坎南与戈登·塔洛克于1962年合著的《同意的计算》（或《一致的计算》），以及其他代表作如《民主过程中的公共财政》《公共选择论：经济学的政治运用》《自由、市场与国家》等对公共选择理论的贡献，特别是对宪法的经济分析的杰出贡献，奠定了《公共部门经济学》的基础。其关于"公共选择理论的两项公理之一是关于立宪经济学的，可以说是新政治经济学的一部分。每一个人追求自己福利（偏好）的最优状态。那么，由此而生的问题是，由于资源稀缺，一群人怎样相容地最大限度地实现每个人的福利或偏好。这是公共选择理论的核心问题。"[②] 该理论是这样一种努力，它要建立模拟今天社会行为的模式，其特点是：根据个人是在经济市场活动还是政治市场活动，采取不同方式处理人类决定的过程。一切传统模式都把经济决定视为制度的内在变化，而把政治决定视定为外部因素，人们拒绝就这些外因的规律和生产进行探讨。在这种情况下，公共选择论

---

① ［美］戈登·塔洛克著，柏克、郑景胜译：《公共选择——戈登·塔洛克论文集》，商务印书馆2015年版，第25页。

② 汪丁丁：《新政治经济学讲义——在中国思索正义、效率与公共选择》，世纪出版集团、上海人民出版社2013年版，第46页。

的宗旨却是把人类行为的两个方面重新纳入单一模式，该模式注意到：承担政治决定的人就是选择决策人的人的论断，不仅奠定了公共选择理论的基础，而且为我们正确理解财政政策的本质及判断财政政策的优劣——在政治领域进行的公共选择就是对公共产品的选择，任何政策决定就其本质而言都是经济行为；一项好的政策决定对社会的贡献一定大于其为此付出的代价等提供了依据。

（四）关于社会市场经济

关于社会市场经济理论。学术界一般认为，社会市场经济理论发端于德国经济学家瓦尔特·欧肯。哈奇森把欧肯称为联邦德国经济政策和"经济奇迹"的"智慧之父"。欧肯认为："经济不稳定往往不一定是客观条件所致，而是人为的。能够维护人类自由、尊严和正义的社会市场经济不是上帝的恩赐，而是明智政策的产物。"欧肯还认为："世上没有哪一种经济模式是永恒不变的，它必须适应社会经济的发展。然而社会经济模式却决定着实施经济政策的办法以及解决社会和经济问题的途径。社会市场经济有助于克服垄断和特殊利益集团对经济政策的影响和政府对市场的干预，并有助于克服失业以及通货膨胀等问题。然而，自由经济无法为解决这些问题提供令人满意的答案。除此之外，自由经济对于如何解决环境、贫困和收入的不平等问题也是束手无策的。经济政策必须合乎情理，摆脱任何理念模型。社会市场经济所追求的目标是至高无上的，这种经济是一种混合的统一整体，它既注意发挥竞争的优势，又强调保障社会的正义与平等。这就是社会市场经济的特征。"① 欧肯的社会市场经济理论在第二次世界大战后的联邦德国开始得到应用。全面系统地阐述欧肯社会市场经济思想的经济学家有阿尔弗雷德·米勒－阿尔马克、路德维希·艾哈德等。1947 年，阿尔弗雷德·米勒－阿尔马克正式提出"社会市场经济"这一概念，将其定义为："一种将市场自由与社会平衡有机结合在一起的方式"，将社会目标与经济目标提到同等高度，在强调自由竞争的市场经济的同时对其注入了人文关怀，要求国家积极维护市场的自由竞争秩序，

---

① ［美］S. 卡尔斯滕著，邓建军译：《欧肯的"社会市场经济"理论》，载于《国外社会科学》1986 年第 9 期。

同时保证社会进步和公平正义的社会目标的实现。在阿尔弗雷德·穆勒－阿尔马克的理念中，自由竞争市场与社会平衡是并重的。路德维希·艾哈德认为这一理解尚不完整，还要强调"每个人对整个社会道义上的负责精神"是社会市场经济的精髓和灵魂。同时，艾哈德也曾表达过，只要市场是自由充分竞争的，其结果在很大程度上就已经是社会优化的，并不需要大力度的社会政策对之校正。在充分竞争的市场是经济繁荣和增长的最佳机制这一点上，两人是有共识的。① 社会市场经济理论家宣称："社会市场经济是按市场经济规律行事，但辅之以社会保障制度，它的意义是将市场自由的原则与社会公平结合在一起"，社会市场经济强调的是工人与资本家的"明智的合作"，认为工人与资本家是社会"伙伴"关系，提出了"社会伙伴论"。②

很明显，与传统的完全自由的市场经济理论不同，社会市场经济理论认为，以市场经济为基础，通过实行"经济人道主义"，走"第三条道路"，建立"社会伙伴"关系等措施，人类可以建立一个促进财富增长的"和谐社会"。我国进行社会主义市场经济建设，显然与社会市场经济存在运行机制方面的共同之处，主要差异只存在于基本经济制度方面，社会市场经济以私有制为基础，而社会主义市场经济则是以公有制为主体。因而，认真研究，借鉴社会市场经济理论的科学成分，对本书论题研究具有重要参考价值。

二、关于人的自由全面发展的理论

（一）发展的最高目标——人的自由全面发展

马克思主义关于社会和谐的理论，实质上就是追求人类自由全面发展的理论：代替资本主义社会的未来理想社会的本质特征，是消除阶级对立

---

①② 李稻葵、伏霖：《德国社会市场经济模式演进轨迹及其中国镜鉴》，载于《改革》2014年第3期。

和体脑差别，使人的自由全面发展与社会和谐一致。① 阿马蒂亚·森（2002）认为，发展可以看作是扩展人们享有的真实自由的一个过程。聚焦于人类自由的发展观与更狭隘的发展观形成了鲜明的对照。狭隘的发展观包括发展就是国民生产总值（GNP）增长，或个人收入提高，或工业化，或技术进步，或社会现代化等观点。财富、收入、技术进步、社会现代化等固然可以是人们追求的目标，但它们最终只属于工具性的范畴，是为人的发展、人的福利服务的。以人为中心，最高的价值标准就是自由。自由是发展的核心。②

（二）人的自由全面发展与集体的发展相互融合、相互促进

人的发展和经济社会的发展是自然史过程；由于生产力和生产关系的发展水平决定了人的发展水平，因而人的发展经济学研究不能从人出发，必须从一定社会生产关系出发，并用马克思历史唯物主义理论、马克思关于人的发展的本质规定和理论作为指导，而不是人本主义和人道主义（胡钧，2016）。③ 同时，集体意识就为个人部分意识留出了地盘，使它无法规定的特殊职能得到了确立。这种自由发展的空间越广，团结所产生的凝聚力就越强。一方面，劳动越加分化，个人就越贴近社会；另一方面，个人的活动越专门化，他就越容易成为个人。但确切地说，个人的活动是受限制的，它也不全都是独创性的。即使我们在完成本职工作的时候，还是要符合法人团体共同遵守的习惯和程序。与此同时，我们以另一种方式所承受的重任已经不像承受整个社会那样沉重了，社会已经给了我们更多的自由活动空间。由此，整体的个性与部分的个性得到了同步发展，社会能够更加有效地采取一致行动，而它的元素也可以更加特殊地进行自我运动。④

---

① 曾宇辉：《马克思主义关于和谐社会的核心命题：人的自由与全面发展》，载于《政治学研究》2006 年第 2 期。

② ［印］阿马蒂亚·森著，任赜、于真等译：《以自由看待发展》，中国人民大学出版社2002 年版，第 3 页。

③ 胡钧：《人的发展经济学研究文集》，线装书局 2016 年版，第 1 页。

④ ［法］埃米尔·涂尔干著，渠敬东译：《社会分工论》，生活读书新知三联书店 2017 年版，第 91~92 页。

第三节　关于财政与财政制度相关理论的述评

深化财政制度改革、建设现代财政制度，建立与促进社会和谐发展、人的自由全面发展相适应的财政运行体制与机制，必须首先清晰理解财政的本质与功能。财政的本质与功能不仅是财政基础理论的核心，而且是决定财政制度设计与财政政策选择的基本依据。

一、财政职能的起源

传统理论认为，财政是社会生产力发展到一定历史阶段的产物，剩余产品出现是财政工作产生的物质前提；私有制是其产生的社会根源；国家出现是其产生的标志。遵循这一理论逻辑，传统的财政亦称"国家财政"，指的是以国家为主体，为了实现国家职能的需要，参与社会产品分配所形成的分配活动及所体现的特定的分配关系。现在看来，作为处理人类生存与发展问题的财政工作，其实在国家出现以前就已经出现，财政工作是伴随着人类社会组织出现而同时产生的。人类社会最早出现的原始部落、氏族组织尽管并不具备国家的组织属性与功能，但部落与氏族组织首领为了解决其部落成员的生存与发展，便已开始行使其获取财富与分配财富的职能。弄清这一点十分重要。因为它是我们如何认识财富与如何运用财富进行社会组织治理的起点，重新认识原始人类认识与处理财富的意识、理念和观点，对我们深入探讨财政的本质问题是大有裨益的。

二、财政思想的"流变"

（一）明清以前我国财政思想的"流变"

作为一个历史悠久的文明古国，我国财政思想伴随着财政职能实践产生且源远流长。有文字记载的史料，最早可以追溯到尧、舜及夏、商、西周和春秋时期。《易经·乾卦》提道："保合大和，乃利贞"，① 意即秉持真诚、坚定不移的保障能力。《论语·泰伯第八》提道："邦有道，贫且贱焉，耻也；邦无道，富且贵焉，耻也。"②《论语·学而第一》提道："道千乘之国，敬事而信，节用而爱人，使民以时。"③《论语·季氏第十六》提道："有国有家者，不患寡而患不均，不寡贫而患不安。盖均无贫，和无寡，安无倾。"④《礼记·大学》提道："德者本也，财者末也。外本内末，争民施夺。是故财聚则民散，财散则民聚。"⑤《论语·里仁第四》提道："富与贵，是人之所欲也，不以其道得之，不处也。"⑥《大学》提道："欲明明德于天下者，先治其国；欲治其国者，先齐其家；欲齐其家者，先修其身；欲修其身者，先正其心；欲正其心者，先诚其意；欲诚其意者，先致其知。"⑦《大学》还提道："身修而后家齐，家齐而后国治，国治而后天下平"。⑧《孟子·滕文公上·第三章》提道："民之为道也，

---

① 赵安军：《易经译注》，团结出版社 2015 年版，第 1 页。

② 陶新华译：《四书五经全译》，线装书局 2016 年版，第 121 页。这段话可译为：国家的政治清明而自己贫贱不能上进，这是耻辱；国家政治黑暗，而自己富贵，也是可耻的。

③ 陶新华译：《四书五经全译》，线装书局 2016 年版，第 55 页。这段话可译为：治理一个拥有一千辆兵车的国家，要严肃认真地处理政事，要诚实守信，要节约费用，爱护官吏，役使老百姓要在农闲的时候（避免妨碍农业生产）。

④ 陶新华译：《四书五经全译》，线装书局 2016 年版，第 201 页。这段话可译为：一个国君或一个大夫，不怕财富少却怕分配不均匀，不怕贫困却怕不安定。财富均了，就无所谓贫；上下能和好共处就无所谓寡，上下既相安无事那么国家就无倾覆之患。

⑤ 陶新华译：《四书五经全译》，线装书局 2016 年版，第 1627 页。这段话可译为：德行是本，财富是末。轻本重末，就会从百姓手上夺取财富。因此，国君聚敛财富，百姓就离弃而去；国君布施财富，百姓就络绎而归。

⑥ 陶新华译：《四书五经全译》，线装书局 2016 年版，第 78 页。这段话可译为：富足和尊贵，是每个人都希望得到的，但是如果不用正当的办法得到它，君子不会接受。

⑦ 陶新华译：《四书五经全译》，线装书局 2016 年版，第 4 页。这段话可译为：想要显明美德于天下的人，首先要治理好他的邦国；要想治理好邦国，先要整治好他的家族；要想整治好家族，先要修养自己的品性；要想修养品性，先要端正好自己的思想；要想端正思想，先要使自己的意念真诚。要想意念真诚，先要认识明确。

⑧ 陶新华译：《四书五经全译》，线装书局 2016 年版，第 4 页。这段话可译为：品性得到了修养，然后才能整治家族；整治好家族，然后才能治理邦国；邦国得到了治理，然后才能天下太平。

有恒产者有恒心，无恒产者无恒心。苟无恒心，放辟邪侈，无不为己"。①
如此这些，无不闪耀着至今仍然值得认真学习、研究的思想光芒，为拓展
财政研究领域，重新认知财政的本质开阔了视野。

　　此外，我国历史上出现的著名理财家的理财思想，则为研究现代国家
财政的本质提供了重要的思想材料，如《管子·治国》提出："凡治国之
道，必先富民。民富则易治也，民贫则难治也。"② "故取于民有度，用之
有止，国虽小必安。取于民无度，用之不止，国虽大必危。"③ 唐代刘晏
强调："户口滋多，则赋税自广"，理财必须注重培养民力，他推行采取改
革漕运、改革盐政、推行常平法并平抑粮价等措施，力图应对中唐时期的
财政困难。④ 杨炎提出："凡百役之费，一钱之敛，先度其数而赋于人，
量出以制入。"⑤ 同时，经杨炎倡议的"两税法"，于建中元年（公元780
年）初公布实行。宋朝改革家王安石提出："政事所以理财，理财乃所谓
义也""均节财用，所以为义也"。同时，王安石还推行了财务行政机构
改革、均输法和市易法、青苗法与农田水利措施、募役法与免行钱、方田
均税法等方面改革。⑥ 明朝张居正提出"故古之理财者，汰浮溢而不骛厚
入，节漏费而不开利源；不幸而至于匮乏，犹当计度久远，以植国本厚元
元也。"⑦ 同时，他推行赋税改革，于明万历九年（公元1581年）推行

---

　　① 陶新华译：《四书五经全译》，线装书局2016年版，第4页。这段话可译为：有固定产业
的才有安分守己的意念，没有固定产业的便没有安分守己的意念。要是没有安分守己的意念，便
放荡不羁，胡作非为，什么事都干得出来。
　　② 耿振东译注：《管子译注》，上海三联书店2014年版，第234页。这段话可译为：大凡治理
国家的道理，一定要使人民富裕。人民富裕了就容易治理，人民贫困了就难以治理。
　　③ 耿振东译注：《管子译注》，上海三联书店2014年版，第26页。这段话可译为：对人民
征取要有限度，使用要有节制，这样的国家虽小也会安定；征收无度，使用没有节制，这样的国
家虽大也会陷入困境。
　　④ 刘守刚：《中国财政史十六讲》，复旦大学出版社2017年版，第126页。
　　⑤ 胡寄窗、谈敏：《中国财政思想史》，中国财经出版传媒集团、中国财经经济出版社2016
年版，第299页。这段话的大意是要划分公私财政，公平课税和量出为入。
　　⑥ 胡寄窗、谈敏：《中国财政思想史》，中国财经出版传媒集团、中国财经经济出版社2016
年版，第356页。在历史上曾经实际掌握政权的地主阶级思想家尤其是儒者中，他是第一位公开
讲求理财的人。
　　⑦ 胡寄窗、谈敏：《中国财政思想史》，中国财经出版传媒集团、中国财经经济出版社2016
年版，第463页。从这段话可以看出，张居正强调节用财政支出，制止或避免官僚地主们对封建
财政收入的侵蚀。

"一条鞭法"，即实行赋役合一、按亩计税、以银交纳、简化手续等。明朝末年，三个启蒙思想家的代表黄宗羲、顾炎武和王夫之提出具有代表性的财政思想，比如黄宗羲提出："古者井田养民，其田皆上之田也。自秦而后，民所自有之田也。上既不能养民，使民自养，又从而赋之，虽三十而税，较之于古亦未尝为轻也。"① 顾炎武提出："必有生财之方而后而收也。"② 王夫之提出："天下之大防二，而其归一也。一者何也，义利之分也。"③ 在唐朝唐德宗年间实行的"两税法"和明朝万历年间实行的"一条鞭法"基础上，清朝实行"摊丁入亩"的赋役制度，也就是清政府将康熙五十年（1711 年）的丁银总数平均摊派入地亩或田赋的一种赋税制度，废除了在中国实行两千多年的丁税（人头税），完成丁税并入财产税的过程。④

（二）18 世纪前西方财政思想的"流变"

从古希腊开始，西方财政思想则经历了从古希腊哲学家柏拉图的《理想国》、英国思想家大卫·李嘉图《经济学及赋税之原理》、古希腊思想家色诺芬的《经济论》、英国思想家威廉·配第的《政治算术》到法国经济学家蒙克莱田的《政治经济学》、英国经济学家约翰·斯图亚特·穆勒的《政治经济学原理及其在社会哲学上的若干应用》（以下简称《政治经济学原理》）的历史"流变"。柏拉图的《理想国》将"公道和善德"作为最高标准，并认为："公道为心之善德或优点，而不公道为缺点。"⑤ 同时，柏拉图将合理分工作为理想国家的基础，认为理智是构建理想国家的条件。为所有人尽可能提供最大的幸福是理想国家的目标。这些思想尽管未能直接触及财政问题，但对于我们探讨财政工作的最高价值追求或标准

---

① 胡寄窗、谈敏：《中国财政思想史》，中国财经出版传媒集团、中国财经经济出版社 2016 年版，第 501 页。黄宗羲的这段话反映出他抗议任何对私有土地的课税。

② 胡寄窗、谈敏：《中国财政思想史》，中国财经出版传媒集团、中国财经经济出版社 2016 年版，第 508 页。这个观点表明顾炎武重视生产发展对赋税的作用。

③ 胡寄窗、谈敏：《中国财政思想史》，中国财经出版传媒集团、中国财经经济出版社 2016 年版，第 508 页。这段话表明王夫之十分强调"义利之辨"。

④ 中央财经大学中国财政史研究所：《财政史研究》（第九辑），中国财经出版传媒集团、中国财经经济出版社 2017 年版，第 59 页。

⑤ ［古希腊］柏拉图著，吴献书译：《理想国》，译林出版社 2014 年版，第 36 页。

显然具有重要参考价值。大卫·李嘉图《经济学及赋税之原理》指出："劳动、机械、资本联合使用在土地上面，所生产的一切土地生产物，分归社会上三个阶级，即土地、资本家与劳动者。地主有土地，资本家有耕作土地的资本，劳动者则以劳力耕作土地。"① 他认为，分配论是其全部学说中最具创造的最重要部分，而地租学说是分配论中最重要的理论。色诺芬是最早使用"经济"一词的人，他所谓的经济是指家庭经济而言。他的《经济论 雅典的收入》是研究奴隶主家庭经济问题的著作，主要描写一个优秀的主人应该如何管理好自己的财产。他认为，判断一个人是否管理好了自己的财产，主要标志是看他是否使自己的财产增加。② 这大概是最早的经济学，但这种经济学显然只能称之为"家政学"或"家庭财政学"。威廉·配第的《政治算术》认为，关于所有政府事务以及与君主荣耀、人民幸福和昌盛有极大关系的事项，都可以用算术的一般原则加以论证。《政治算术》用一种极其普通的科学原理来说明世界中混乱而错综的情况，是一本视角非常独特的政治经济学名著。③ 显然，威廉·配第的政治算术或致富艺术，已经把"家庭经济学"扩展到了"奴隶主经济学"或"奴隶主财政学"。1615 年，安徒万·德·蒙克莱田正式出版《政治经济学》（原名为《献给国王和王后的政治经济学》）。这是第一本将经济与政治联系起来研究的西方书籍，并最早推崇国家干预或管理经济的经济学。此后，约翰·斯图亚特·穆勒将他的教科书式的著作取名为《政治经济学原理及其在社会哲学上的若干应用》，并把政治经济学定义为"为政府管家"。他认为："一般而论，经济是精明而节俭地供应全家一切需要的需求。……在一家为经济，在一国则为政治经济学。"④ 从此，"政治经济学"一词传遍四海，并作为一门独立学问的名称沿用至今。然而，从穆勒对政治经济学研究内容的界定可以看出，被称为《政治经济学》的经济

---

① ［英］大卫·李嘉图著，郭大力、王亚南译：《经济学及赋税之原理》，上海三联书店2014 年版，第 6 页。

② ［古希腊］色诺芬著，张伯健、陆大年译：《经济论 雅典的收入》，商务印书馆1961 年版，第 1~4 页。

③ ［英］威廉·配第著，陈冬野译：《政治算术》，商务印书馆2014 年版，第 1~2 页。

④ ［英］约翰·斯图亚特·穆勒著，金镝、金熠译：《政治经济学原理》，华夏出版社2017 年版，第 1~21 页。

学，也可以称为"财政学"。

（三）财政学分流为独立的"学科"

财政学作为一门独立的分支"学科"，一般认为形成于 1776 年。这一年，亚当·斯密的《国富论》正式出版。学术界认为，这既是"古典经济学"的开山之作，也是财政学的开山之作。此后，财政学在西方又先后被称为"公共财政学（Public Finance）""公共部门经济学（Public Sector Economics）""政府经济学（Government Economics）""公共经济学（Public Economics）"。从西方学术界关于财政学的学科名称规范中不难看出，"公共"与"政府"或"政治"，始终是其突出的重点。由此可见，根据西方分科研究思路从经济学中独立出来的财政学，一直坚持的是政治经济学的研究思路和传统。按照政治经济学的研究思路和传统探讨财政本质与功能，显然是合乎逻辑的。

三、对财政本质与功能的再认识

追溯财政职能的起源，回顾财政思想的"流变"，回归综合的政治经济学学术传统，我们不难发现，现有财政学对财政本质的认识有必要进一步深化。

（一）对财政本质与功能的认识有待进一步深化

现有财政学关于财政本质的认识，主要有"国家分配论""国家资金论""货币关系论""共同需要论""剩余产品分配论""国家治理论"。不可否认，上述关于财政本质概括和论述，在以市场经济为根据并将政府管理经济的活动作为解决市场失灵外生变量的前提下，都从不同侧面和一定程度上反映了财政的本质属性。然而，如果综合分析财政职能的起源，中外先贤及思想家们财政思想的成果，回归政治经济学的学术传统，上述概括和论述，又存在明显的片面性，其主要表现是摆脱不了"分配论"的禁锢和束缚。

近年来，随着构建社会主义和谐社会和中华民族伟大复兴"中国梦"

战略任务的提出，学界先后提出了"和谐财政""民生财政""发展财政""财政本质的三层次说""现代财政"等新的分析视角和观点，这些分析视角与学术观点的提出，为深化财政本质的研究打开了思想的大门。本书将沿着上述思路，在有效吸收已有创新成果的基础上，对财政本质与功能做进一步分析和探讨。

（二）建设和谐社会与实现人的自由全面发展更需要重新认识财政本质与功能

从财政职能起源角度分析，财政最早是作为一种社会管理职能出现的。社会组织出现是产生财政职能的前提。人类早期出现的如部落、氏族、家庭等社会组织中，为了确保自身的生存与发展，在生存环境极其险恶、生产能力极为低下的情况下，作为社会组织统治者、管理者的首领或主人，必须首先思考并具体处理生存资料如何获取及如何在社会成员之间分配的问题。由此可见，人类社会早期的管理职能，是一种"财"与"政"密不可分的社会治理职能，实现这一社会治理职能的主要手段是谋得财富与分配财富。运用财富进行社会治理即行政的目的，是确保组织及其成员的生存和发展。这就表明，从财政职能的起源分析，"财政"是一个因社会治理客观要求产生的复合型概念，它所反映的是一种对社会实施有效治理的综合职能。其核心或本质内涵是如何界定并处理财富与政治的相互关系。很明显，财政作为一种界定并处理财政与政治关系的综合管理职能，绝不仅仅只是参与社会财富的分配，而必然要参与社会财富的生产、交换、分配及消费的全过程。

从财政思想"流变"的过程分析，人类先贤和思想家们都是从分析人的道德和心性入手，开始思考什么是财富？如何对待财富？怎样获取财富？如何使用财富？如何管理财富？如何利用财富以达到"治国平天下"的目的等一系列问题的。在中国，有以儒家思想为代表的优秀思想成果需要深入研究和传承，在西方，则有从古希腊到法、英、德等国思想家们的思想成果可供学习和借鉴。例如前文已提到的中国以儒家为代表的思想家们倡导的"天人合一""道法自然""君子爱财，取之有道""戒奢用俭，节用爱人""民为邦本，本国邦宁""国不以利为利，而应以义为利"等基本思想以及"修身齐家治国平天下"的治理逻辑,西方从古希腊思想家色诺芬的《经济论》,古希腊哲学家柏拉图的《理想国》,英国思想家大卫·李嘉图的《经济学及赋税之原理》,英国思想家威廉·配第的《政治算术》到法国经济学家蒙克莱田的《政治经济学》,英国经济学家亚当·斯密的《国富论》,英国经济学家穆勒的《政治经济学原理》等著作中所反映的个人、家庭、国王、国家如何创造和管理财富思想,无不值得我们认真学习和思考。

(三) 对财政本质与功能的再认识

综合上述分析,本书关于财政本质的基本结论是:财政是一种全面综合的社会与国家治理职能,这种全面综合治理职能的核心或本质是界定并处理财富与政治的相互关系。在这里,财富是手段,行政是目的。广义的财政包括一切社会个人与组织处理财富与政治关系理念、目的、方式、方法的选择与规定;狭义的财政则主要是指社会组织,特别是国家处理财富与政治关系价值取向、制度模式、政策机制的选择与规定。个人处理财富与政治关系的理念、方式等,往往由个人的道德状态及心性所决定。社会组织,特别是国家处理财富与政治关系的价值取向与制度模式选择,则必须符合人类普适价值观及"自然秩序"的要求,关于人类普适的价值观,目前公认的是"公平与正义"。关于自然秩序,可以认为就是我国道家思想的"道法自然",就是"人与自然和谐相处、人与人和谐相处"的秩序。

通过对财政本质的上述分析,关于财政功能的认识也必须进一步深化。在这里,本书使用"财政功能"而不是"财政职能"一词,主要是想从理论上或者应然秩序上对财政这种全面综合管理职能的效用或效能进行客观界定,财政学对财政功能的界定,最为经典的是马斯格雷夫的"三职能"说,即资源配置职能、收入分配职能和经济稳定职能。"三职能"说显然是以社会中的人都是"经济人",整个社会都是以追求价值财富极大化为根据进行界定的,因而也存在明显的片面性。众所周知,财政的功能是由财政的本质决定的,既然财政的本质是通过协调财富与政治的相互关系以达到对社会与国家进行有效治理的一种制度职能。那么,财政的功能除上述"三职能"之外,至少还应该具备对有理性精神的人及人类社会伦理道德的诱导功能和确保社会安全稳定、人的自由全面发展的功能。据此，本书认为，从应然效用的角度分析，财政至少应该具有五大功能，即"资源配置功能""收入分配功能""经济稳定功能""社会伦理道德诱导功能"和"社会安全稳定功能"。国家财政的应然功能赋予财政相应的管理权力，督促财政通过设计制度并制定、运用相应的政策工具或杠杆，随时应对社会发展过程中的矛盾和问题，以实现社会和谐发展与人的自由全面发展的目标，应该是深化财政制度改革与加强现代财政建设必须认真思考的问题。

四、对财政制度的再认识：从公共财政制度到现代财政制度

关于现代财政制度的财政理论基础，许多学者做出了卓有成效的探索，最具代表性的有高培勇、刘尚希、楼继伟等。高培勇（2014）指出，中共十八届三中、四中全会围绕全面深化改革和全面推进依法治国做出的全新理论概括，标志着财政基础理论建设的重大突破：将财政定位于国家治理的基础和重要支柱，使其成为国家治理体系的重要组成部分，从根本上摆正了财政与财税体制的位置；作为各个领域改革的交汇点，财税体制改革在全面深化改革中的重点推进成为率先践行的突破口，从宏观上厘清了财税体制改革与全面深化改革的关系；立足于现代财政制度与公共财政制度一脉相承的关系以及总体规划和顶层设计的需要，以公共性、非营利性和法治化三大特征，从总体上勾画了现代财政制度的基本形态。[①]

（一）现代财政制度建设以新的历史任务为逻辑起点

关于财政制度建设的逻辑起点，学者从不同角度进行了论述。楼继伟（2015）认为，深化财税体制改革是一场关系国家治理现代化的深刻变革，意义重大深远。建立现代财政制度是对现行财税体制的继承创新与系统性重构。[②] 刘晓路（2017）认为，从过程看，国家对于财政来说是重要的，不应回避国家与财政的暴力属性，国家财政制度的各种选择必须权衡国际

[①] 高培勇：《论国家治理现代化框架下的财政基础理论建设》，载于《中国社会科学》2014年第12期。

[②] 楼继伟：《财税改革纵论2015》，经济科学出版社2015年版，第1~3页。

国内、政治经济社会等各方面的因素，绝不是经济因素可以单方面决定的。[①] 马骁、周克清（2014）认为，现代财政制度建设必须以国家治理体系和治理能力的现代化为逻辑起点，服务于政府与市场、社会组织、纳税人及政府间关系的重新定位。[②] 蒋洪（2014）认为，要发挥市场在资源配置中的决定性作用，财政制度创新的要义就在于寻求和建构对于市场运行起限制和引导作用的、事先对于市场运行方式进行规范的准永久性的正义的财政制度规则。[③] 整体看，大多数学者都认为实现国家治理现代化和发挥市场对资源配置的决定性作用是建设现代财政制度的逻辑起点。

（二）公共财政制度与现代财政制度

现代财政制度概念的提出是否是对公共财政制度以及其他财政制度的否定？学者从不同侧面做了回答。高培勇（2014）指出，无论是公共财政制度或现代财政制度，其思想的来源和基础并无多少不同，二者所揭示的实质内容亦无多少差异。现代财政制度与公共财政制度实质是一个具有一脉相承关系的统一体。[④] 刘明辉（2014）认为，党的财政制度从公共财政制度向现代财政制度的转变蕴含着公共财政制度的不断完善和发展，以及公共财政制度概念的纵深推广，二者在反映现代化财政制度的导向方面是并行不悖的。公共财政制度是基础，现代财政制度是在此基础上的深化与拓展。构建现代财政制度不是另起炉灶，也不能切断其与公共财政制度的联系，而是要保持良好的衔接。同时，在现代财政体制的语境下，财政制度研究的逻辑起点、制度特征及制度体系构建的着力点也要适时地进行调整。[⑤] 赵云旗（2016）认为，从目前对现代财政制度的要求看，公共财政

---

① 刘晓路：《构建现代财政制度的理论基础：蒂利模型的财政学解读》，载于《财政研究》2017 年第 1 期。

② 马骁、周克清：《建立现代财政制度的逻辑起点与实现路径》，载于《财经科学》2014 年第 1 期。

③ 蒋洪：《市场起决定性作用：财政制度如何创新？》，载于《上海财经大学学报》2014 年第 5 期。

④ 高培勇：《论国家治理现代化框架下的财政基础理论建设》，载于《中国社会科学》2014 年第 12 期。

⑤ 刘明慧：《从公共财政制度到现代财政制度：逻辑演进与职能定位》，载于《财政监督》2014 年第 17 期。

制度与现代财政制度不是对立的，而且有许多共性。如公共性是公共财政的基本特征，满足社会公共需要既是市场经济的立足点，也是政府财政活动的出发点，是国家财政活动应遵循的基本边界或指导性原则。我国在市场经济体制下建立现代财政制度，也要坚持这一基本取向和基本原则，只要在共同的市场经济背景下，不论建立什么财政制度都不能背离市场经济的要求。① 从很多文献可以看出，学者们基本认为，现代财政制度与公共财政制度本质上没有区别，内涵上具有一致性，现代财政制度是对公共财政制度的继承和补充，而不是否定。

（三）现代财政制度的主要特征

作为一个新的概念被提出来，现代财政制度的主要特征究竟呈现在哪些方面？学者们通过归纳、演绎进行了提炼。高培勇（2014）认为，现代财政制度应呈现公共性、非营利性和法治化三大特征。② 王雍君（2015）认为，在公地范式和代理范式下致力推动走上正轨的现代财政制度建构，可为促进行政安全、正义和绩效，进而为提高行政治理改革的成功概率提供最佳保障和理想切入点。③ 同时，王雍君还（2015）认为，党的十八届三中全会《决定》提出建立现代财政制度以促进国家长治久安的宏伟命题，可以并且应该从确立三个标尺——公民共同体、共同财产和委托代理关系——做起。④ 杨志勇（2014）认为，现代财政制度应呈现如下几个主要特征：第一，现代财政制度与国家现代化建设相适应；第二，有相应的专门财政管理机构；第三，体现民主财政理念；第四，体现法治化财政理念；第五，以专门的治理技术为依托；第六，适应动态财政治理的需要。⑤ 刘明辉（2014）认为，现代财政制度应担负整体保障职能。多中心治理是治理理

① 赵云旗：《论公共财政与现代财政制度之关系》，载于《经济研究参考》2016年第44期。
② 高培勇：《论国家治理现代化框架下的财政基础理论建设》，载于《中国社会科学》2014年第12期。
③ 王雍君：《安全、正义与绩效：当代中国的行政治理改革与财政制度建构》，载于《中国行政管理》2015年第8期。
④ 王雍君：《现代财政制度的三个标尺》，载于《新理财（政府理财）》2017年第1期。
⑤ 杨志勇：《现代财政制度：基本原则与主要特征》，载于《地方财政研究》2014年第6期。

论的核心内容，就主体而言，政府、市场、社会是国家治理现代化的三个维度。现代财政制度与国家治理的机理决定了实现国家治理目标的关键是建立公共服务的多元化供给机制，在公共产品与服务提供中处理好政府、市场和社会的关系。① 刘晓路（2014）认为，现代财政制度至少应具备两个基本特征，即强国性与集中性。② 岳军、王杰茹（2015）认为，现代财政制度作为政府基于公共受托责任而直接进行的市场活动，必须体现市场经济的法治化精神，因而首先必须完成法治财政建设。③ 归纳来看，虽然学者们从不同视角提炼出现代财政制度的主要特征，但基本上是围绕实现完善社会主义市场经济体制、优化资源配置、加强现代治理等主题和主线展开的。因此，现代财政制度的主要特征与这些改革的内涵和要求具有内在一致性。

（四）现代财政制度的实现路径

关于现代财政制度的实现路径，从不同的理论和方法论可以推导出很多不同的路径。楼继伟（2013）认为，新一轮财税体制改革就是要建立"与国家治理体系和治理能力现代化相适应"的制度基础。建立完整、规范、透明、高效的现代政府预算管理制度；建设有利于科学发展、社会公平、市场统一的税收制度体系；健全中央和地方财力与事权相匹配的财政体制。④ 马骁、周克清（2014）认为，推进现代财政制度建设需要制定财政基本法，建立具有权威性的财政法律框架；以"营改增"为突破口，完善税收制度体系；加强预算制度建设，提高财政支出效率；建立事权和支出责任相适应的制度，优化政府间财政关系。⑤ 无论依据什么样的理论和事实，实现现代财政制度的最终路径都离不开继续深化改革开放、提高全面深化改革意识、优化全面改革方法。

---

① 刘明慧：《从公共财政制度到现代财政制度：逻辑演进与职能定位》，载于《财政监督》2014 年第 17 期。

② 刘晓路：《现代财政制度的强国性与集中性——基于荷兰和英国财政史的分析》，载于《中国人民大学学报》2014 年第 5 期。

③ 岳军、王杰茹：《公共治理、现代财政制度与法治财政》，载于《财经科学》2015 年第 11 期。

④ 楼继伟：《建立现代财政制度》，载于《人民日报》2013 年 12 月 16 日第 7 版。

⑤ 马骁、周克清：《建立现代财政制度的逻辑起点与实现路径》，载于《财经科学》2014 年第 1 期。

第 三 章

社会和谐发展与人的自由全面发展的关系辨识

推进"四个全面",统筹"五位一体"总体战略,坚持走中国特色社会主义道路,实现中华民族伟大复兴,必须促进社会和谐发展与人的自由全面发展。为了探讨促进社会和谐发展与人的自由全面发展的现代财政制度建设这一重大课题,首先必须准确认识和理解社会主义和谐社会、社会和谐发展及人的自由全面发展。然而,就目前人类社会实践和认知水平来看,一方面,社会主义和谐社会是一个全新的理想社会,人类历史并无经验可以借鉴,同时人的自由全面发展也正处于探索实践过程中;另一方面,目前人类关于社会与人的发展的理论体系尚不够成熟和完善,仍需进一步深入研究。因此,要对社会主义和谐社会与人的自由全面发展给出一个极其准确的定义较为困难。因此,本书将不会在社会主义和谐社会与人的自由全面发展的准确定义上花费太多精力和笔墨,本章将研究重点放在二者科学内涵以及辩证关系上。

第一节　社会主义和谐社会的科学内涵

一、社会主义和谐社会提出背景的解析

经过改革开放 30 多年,我国经济实现了高速增长,截至 2006 年年均

发展速度一直保持在9%以上，是同期全球发展速度最快的国家，发展成果举世瞩目。然而，在经济持续高速增长的同时，也产生了一系列新的矛盾和问题，付出了较高的成本和代价，如社会发展相对滞后，公共资源分配失衡，城乡居民收入差距进一步扩大，东中西部经济发展不平衡加剧，资源、环境、生态代价过高，就业压力增加等。这些问题的产生，一方面是经济体制转轨过程中不可避免的代价，另一方面则是经济发展模式缺陷带来的恶果。

针对上述问题，2003年10月党的十六届三中全会在认真总结改革开放以来经验教训的基础上，提出了树立科学发展观，转变经济发展方式的科学决策，并明确做出把改革力度、发展速度与社会可承受程度统一起来，把改善人民生活作为处理改革、发展与稳定关系的重要结合点的工作思路。在此背景下，2004年9月党的十六届四中全会在《中共中央关于加强党的执政能力建设的决策》中，首次提出了构建社会主义和谐社会的战略任务，并将其正式列为中国共产党全面提高执政能力的五大能力之一，社会主义和谐社会概念首次提出。

此后，随着经济发展方式转变，全面提高党的执政能力实践活动逐渐深入，2006年10月党的十六届六中全会审议通过了《中共中央关于构建社会主义和谐社会若干重大问题的决定》，对当前和今后一个时期构建社会主义和谐社会的工作任务进行了周密部署。至此，构建社会主义和谐社会的战略任务正式展开。

二、对社会和谐与和谐社会的进一步辨析

探讨社会主义和谐社会的科学内涵，首先必须对与社会主义和谐社会的相关概念进行分析，这里主要涉及社会和谐与和谐社会两个概念。虽然本书在导论及前文对上述两个概念有所界定和阐述，但为了尽量准确把握社会主义和谐社会的科学内涵，本部分将就这两个概念分别做出进一步说明与界定。

（一）对社会和谐的进一步辨析

关于社会和谐，根据胡锦涛同志在2005年2月"省部级主要领导干

部提高构建社会主义和谐社会能力专题研讨班"上的描述："我们所要建设的社会主义和谐社会，应该是民主法治、公平正义、诚信友爱、充满活力、安定有序、人与自然和谐相处的社会。"我们不难推论，社会和谐至少包括人与人之间关系的和谐、人与自然关系的和谐、人与生态关系的和谐等方面的内容，指的是一种人类在一定物质基础与制度规范条件下的生活秩序优化状态，是一个专门描述生活秩序优化状态的概念。从人类社会发展史角度看，在人类已经经历的各种已然社会形态中，局部的、符合当时物质基础与制度规范的、短时间的社会和谐状态是可能实现的。我国历史上先后出现的"文景之治""贞观之治""开元盛世""康乾盛世"或许可以算作曾经的"社会和谐"。正是由于这种生活秩序的优化状态在人类历史上多次出现，为人类物质财富积累和思想文化进步创造了条件。

（二）对和谐社会的进一步辨析

和谐社会是人类先贤及思想家们提出的专门描述理想社会的概念。综合先贤及思想家们的描述或设想，和谐社会在理论上大体应该具有以下几个方面的基本要求：

（1）在处理人与自然关系的问题上，提倡"天人合一""道法自然"；

（2）在处理人与社会的关系上，提倡"天下为公""克己奉公"；

（3）在处理人与人之间的关系上，提倡"亲亲孝悌""泛爱众"；

（4）在个人行为规范上，提倡"克己修身""安贫乐道"；在核心价值观的选择上，提倡"自由平等""公平正义"；

（5）在社会治理方式方法上，提倡"民主法治""为政以德"。

根据上述要求，他们设想的和谐社会一般都是"君明臣贤"，人民安居乐业，社会安定有序，物质财富充足，国家繁荣昌盛的社会。

很明显，符合上述要求和设想的和谐社会，历史上都未曾真正存在过。人类已经历或正经历的原始社会、奴隶社会、封建社会、资本主义社会，尽管有过局部的、短时间的社会和谐状态，但都不应被称为"和谐社会"。即使是我们正在建设的社会主义社会，由于尚处在初级阶段，无论是物质基础，还是制度规范，都尚未达到理想的和谐社会的要求，也很难称其为"和谐社会"。正因为如此，人类千秋万代追求的理想状态的和谐社会，仍然是一个尚待构建的社会。

三、社会主义和谐社会内涵的界定

通过上述分析，关于尚待构建的社会主义和谐社会的科学内涵，我们可以作如下初步界定。

（一）社会主义和谐社会首先是社会主义社会

社会主义社会基本经济、政治制度的建立，既是构建社会主义和谐社会的前提，又规定着社会主义和谐社会的本质属性。建立并不断完善社会主义经济、政治、法律、管理、科技文化等制度，大力发展社会生产力，促进社会物质财富与精神财富快速增长和积累，始终是构建社会主义和谐社会的主要任务。

（二）社会主义和谐社会由社会主义基本经济制度与政治制度所决定

社会主义和谐社会的本质要求是：以人为本、权利平等、利益均衡、尊重自然、崇尚社会、维护正义。所谓以人为本，就是一切社会活动都要坚持以实现人的自由全面发展为最终目的；所谓权利平等，就是一切社会成员在社会生活中拥有平等的地位、法权和机会，享受平等的社会服务；所谓利益均衡，就是社会利益格局安排合理，社会成员的利益分享主要由自身能力及其对社会贡献的大小来决定，由能力与贡献大小造成的利益分享差距，可以由有效的社会治理控制在适当的范围内；所谓尊重自然，就是按自然规律办事，取舍有度，坚持人与自然和谐相处，维持人类社会发展与自然生态发展的平衡；所谓崇尚社会，就是个人的发展及其利益的实现，不以损害社会整体的利益为前提，克己奉公、关爱社会、关爱他人成为全社会的道德风尚与行为规范；所谓维护正义，就是法制健全，执法公正，人们的合法权益能够得到有效保障，社会运行秩序平衡安定，矛盾冲突能够得到有效化解。

（三）社会主义和谐社会的发展具有明显的阶段性、累进性特征

只有确保社会主义发展进程中各个历史阶段持续的和谐发展，构建社会主义和谐社会的战略任务才有可能最终实现。马克思主义理论认为，社会主义高级阶段是共产主义社会。根据马克思、恩格斯的论述，共产主义社会有两个重要特征：一是生产力极大发展，社会财富"充分涌流"，以至于能够实现全社会成员"各取所需"；二是人的极大发展，成为独立的、有全面能力的自由发展的人，能够做到"各尽所能"。这个阶段的社会消灭了阶级，消除了社会各个阶层、城乡、脑力劳动与体力劳动之间的对立与差别，物质财富极大丰富，人的精神境界和思想觉悟极大提高，彻底摆脱了各种人身依附和物质崇拜。显然，他们设想的共产主义社会才是高度和谐的社会。然而，实现共产主义是一个长期复杂的社会历史过程。我们现在正在建设的社会主义社会尚处在初级阶段。因此，构建社会主义和谐社会，必须准确把握社会发展的阶段性特征，通过促进各个阶段持续的和谐发展，确保构建社会主义和谐社会最终目标实现。

第二节　人的自由全面发展的科学内涵

一、实现人的自由全面发展的重要前提是社会分工

关于社会分工，亚当·斯密（2016）是最早也是最权威地提出了分工产生效率理论的古典经济学家。他指出："因为是交换能力引致了劳动分工，所以分工的程度必然受制于交换能力的大小，换言之，分工程度要受到市场范围的限制。"[①]"劳动生产力的极大进步，还有劳动技能、劳动熟

---

① ［英］亚当·斯密著，贾拥民译：《国富论》（上），中国人民大学出版社 2016 年版，第 90 页。

练程度和判断力的大幅提高，似乎都是劳动分工的结果。"① "在一个治理得很好的社会中，劳动分工使所有行业的产品都成倍增长。因此，社会实现了普遍富裕，连最底层的穷苦大众都能被惠及。"② "虽然劳动分工带来了如此之多的益处，但是从它的起源来看，它并不是人类智慧的结果。从来没有人预见到并有意识地试图通过分工实现普遍富裕。劳动分工是人性中某种倾向的必然结果，虽然实现这一结果的过程是非常缓慢的、渐进式的。这种倾向就是人类总喜欢互通有无、以物易物、相互交易，它并不带有强烈的功利性。"③ 在一个实现社会分工高度细分化的现代社会，所有人将实现要素禀赋优化配置，实现"人尽其才、各尽所能"，从实现个人自由全面发展中获得幸福；同时，当一切个人获得了自由全面发展，整个社会将实现和谐发展，无限接近并最终实现和谐社会。

二、实现人的自由全面发展与经济发展并行不悖

（一）人的自由全面发展离不开经济发展

虽然人的自由全面发展的重心不完全在经济发展上，但是经济发展是必不可少的。刘伟、蔡志洲（2006）认为，追求经济增长和经济发展是当今世界的时代特征。经济增长和发展，不断地满足人们物质增长的需求，也为改善人们的精神生活创造了条件。但物质生活和精神生活毕竟存在着差异，物质生活改善不一定带来精神生活改善，有些时候，在物质生活改善的背景下，精神生活恶化还可能出现。④

同时，社会主义经济改革发展与转型也要体现以人为本的理念。张

---

① ［英］亚当·斯密著，贾拥民译：《国富论》（上），中国人民大学出版社 2016 年版，第 71 页。

② ［英］亚当·斯密著，贾拥民译：《国富论》（上），中国人民大学出版社 2016 年版，第 80 页。

③ ［英］亚当·斯密著，贾拥民译：《国富论》（上），中国人民大学出版社 2016 年版，第 83 ~ 84 页。

④ 刘伟、蔡志洲：《走下神坛的 GDP：从经济增长到可持续发展》，中信出版社 2006 年版，第 15 页。

宇、谢地等（2017）认为，经济增长是经济发展的基础，但是单纯数量上的经济增长难以使一个国家实现真正意义上的发展。社会主义的经济发展要求在经济增长的基础上实现经济结构的改善、经济效益的提高以及政治、文化、社会、生态文明的全面进步，要求实现以人民为中心的发展，体现正确的发展理念，选择正确的发展战略、发展道路、发展方式，实现科学的发展。2015 年 10 月，党的十八届五中全会指出，社会主义经济必须坚持发展为了人民、发展依靠人民、发展成果由人民共享，做出更有效的制度安排，使全体人民在共建共享发展中有更多获得感，增强发展动力，增进人民团结，朝着共同富裕方向稳步前进。社会主义经济发展的本质特征，就是以人民为中心。坚持以人民为中心的发展思想，关键在于实现共享发展的理念，体现逐步实现共同富裕的要求，表现为共享是全民共享、共享是全面共享、共享是共建共享。① 常修泽（2015）也认为，经济结构转型升级是中国现阶段的一场重大而深刻的变革，要真正使这一变革达到预期目的，必须明确"基本导向"问题。中国经济结构转型升级必须以"人的发展为导向"作为根本指导理念。从理论角度分析，追求人的发展是马克思主义的精华，也是当代人类文明发展的基本价值取向；从现实角度分析，以"人的发展为导向"是摆脱"GDP 中心主义"惯性运作的理性选择；从未来趋势分析，以"人的发展为导向"是适应新阶段中国人需求变化的必然要求。②

（二）人的自由全面发展是经济发展的根本保障

无论是哪一种经济发展理论，其理论依据从何而来，都认为劳动要素是促进经济发展的根本保障。罗纳德·哈里·科斯、王宁（2013）认为，人才的质量和构成是经济生产率的一个决定因素，而人才市场则直接影响一个社会培养和使用人才的效率，这两点在任何社会中都是决定经济效率的根本性因素。没人可以否认商品交易所、股票市场、银行、法院和政府

---

① 张宇、谢地等：《中国特色社会主义政治经济学：制度·运行·发展·开放》，高等教育出版社 2017 年版，第 207～208 页。

② 常修泽：《人本型结构论——中国经济结构转型新思维》，时代出版传媒股份有限公司、安徽人民出版社 2015 年版，第 66～67 页。

在现代经济运行中的重要性。但所有的组织都是由人来管理和运营的。没有一种制度可以像傻瓜相机一样，也没有一种制度一成不变；制度如何运作、如何适应不断变化的社会环境，不可避免地反映出其监管者和运营者的品质。[①]

（三）社会主义发展要坚决摆脱传统的经济增长观

GDP 不是要不要发展的问题，而是怎样发展的问题，怎样在科学发展观的指导下实现可持续发展。换句话说，就是如何在一组科学合理的条件约束下，在一定的时间区间内实现经济增长的最大化问题。如果把 GDP 增长与其他的各项发展对立起来，那就大错特错了。没有 GDP，就没有国力的强盛，就没有人民生活水平的改善，就没有中国国际地位的进一步提高。经济建设不仅仅是经济增长问题，还要考虑经济发展问题。从经济学角度看，经济发展本来就是一个比经济增长更广泛的概念，经济发展包括经济增长、就业、稳定价格总水平、国际收支平衡、合理的收入分配和资源配置，显然，经济增长只是经济发展过程中的一个方面，当然，是最为重要的一个方面（刘伟、蔡志洲，2006）。[②]

三、社会主义社会的终极目标之一是实现人的自由全面发展

（一）社会主义的本质要保障人的自由全面发展

"社会主义的本质，是解放生产力，发展生产力，消灭剥削，消除两极分化，最终达到共同富裕。"[③]"如果富的越来越富，穷的越来越穷，两极分化就会产生，而社会主义制度就应该而且能够避免两极分化。"[④]"如果搞两极分化，情况就不同了，民族矛盾、区域间矛盾、阶级矛盾都会发

---

① ［英］罗纳德·哈里·科斯、王宁著，徐尧、李哲民译：《变革中国：市场经济的中国之路》，中信出版社 2013 年版，第 265 页。

② 刘伟、蔡志洲：《走下神坛的 GDP：从经济增长到可持续发展》，中信出版社 2006 年版，第 76 页。

③ 《邓小平文选》（第三卷），人民出版社 1993 年版，第 373 页。

④ 《邓小平文选》（第三卷），人民出版社 1993 年版，第 374 页。

展，相应地中央和地方的矛盾也会发展，就可能出乱子。"①

钟晓敏、张守凯（2005）认为，科学人本观是党的十六届三中全会《中共中央关于构建社会主义和谐社会若干重大问题的决定》中提出的深化经济体制改革必须坚持的一项重要指导思想和原则，具体要求就是"坚持以人为本，树立全面、协调、可持续的发展观，促进经济社会和人的全面发展"。从这些规定中可以看出，与科学发展观相适应的科学人本观，是以依靠、协助、引导人民发家富国，充分发挥人民当家做主的权力，体现人民群众的根本利益和为人民服务的基本宗旨为目标。以科学人本观作为我国科学理财观的社会目标，是由我国财政的固有职能决定的。②

（二）社会主义发展还要统筹兼顾其他发展目标

人与自然、人与社会、人与自身的和谐发展，前提就是承认人与自然、人与社会、人与自身的矛盾，存在不和谐，所以才产生改造的问题和在改造中要注意和谐发展的问题。因为这种改造，并不是为了破坏和毁灭自然、社会或人自身，而是为了把自然、社会和人自身改造得更加符合人的生存和发展的需要（薛德震，2006）。③ 加里·S·贝克尔（2016）则认为，经济不平等并不必然意味着歧视存在。收入差异也许与种族、性别有关，但收入变化反映着边际生产力和工作时数的变化，教育程度、工作技能和工作经验等因素都会造成这种变化。排除了这些因素的余项才是歧视的体现。④

第三节 社会和谐发展与人的自由 全面发展的辩证关系

社会是人的集合体，人离不开社会；同时，社会也离不开人。社会和

---

① 《邓小平文选》（第三卷），人民出版社1993年版，第364页。
② 钟晓敏、张守凯：《科学发展观与财政制度创新》，中国财政经济出版社2005年版，第10页。
③ 薛德震：《以人为本构建和谐社会40论》（增订版），人民出版社2006年版，第151页。
④ ［美］加里·S·贝克尔著，王业宇、陈琪译：《人类行为的经济分析》，格致出版社、上海人民出版社2016年版，第3页。

谐发展肯定离不开人的自由全面发展，集体与个体具有紧密的内在统一性，社会和谐发展是人的自由全面发展的基础和保障；同样，人的自由全面发展是社会和谐发展的前提和体现。总体而言，在现代社会，个人的发展与整个社会的发展既有内在一致性，也能保持较大独立性。

一、社会和谐发展与人的自由全面发展的内涵具有统一性

（一）人类经济行为的目的具有一致性

加里·S·贝克尔（2016）认为，利己主义也好、利他主义也好，各种人的各种活动的目的只有一个，那就是追求效用最大化，而不管这些人的职业或从事的活动是否具有商业性质。换句话说，人类的一切活动都蕴含着效用最大化动机，都可以运用经济分析加以研究和说明。[①] 寿思华（2016）也认为，经济学既然是研究经济活动中社会生产力诸要素相互联系、发展规律及利用规律，那么它就要保持本质，回归本质，必须是客观的，必须是为人的全面自由发展服务。[②]

（二）坚持以人为本不仅要注重人的发展，还要注重人与社会的和谐发展

坚持"以人为本"，注重人本身的发展，就要注重改善人的生存和发展的环境，关注协调和可持续发展，把效率与公平辩证地统一起来，使个人与自然、个人与社会、个人与个人之间处于一种和谐共生状态（叶汝贤、王征国，2012）。[③] 胡钧（2016）也认为，中国传统文化中的"以人为本"与资本主义时期提出的人本主义，二者具有共同性：都具有"二重性"。一方面，都承认人在社会存在和发展中的主体地位；另一方面，二者又具有不同的社会关系内容。虽然在本质上，二者都把百姓的作用看作

[①] ［美］加里·S·贝克尔著，王业宇、陈琪译：《人类行为的经济分析》，格致出版社、上海人民出版社2016年版，第2页。

[②] 寿思华：《人的发展经济学要论》，线装书局2016年版，第94页。

[③] 叶汝贤、王征国：《以人为本与科学发展观》，社会科学文献出版社2012年版，第20页。

是维护自身存在和保持统治地位的工具。二者存在区别：前者体现的是人身依赖关系，后者是以物的依赖性为基础的个人独立性增强。①

人与社会的和谐，既包括个人与个人、群体与群体之间的关系，也包括个人与社会群体之间的关系。人与人之间的关系，本质上是一种利益关系。所以，妥善协调和正确处理人们之间的各种利益关系，是实现人与人之间关系和谐的关键。同时，人与人之间关系是人与社会之间关系的具体体现。人是社会的主体，各种社会关系是人与人在其社会实践过程中发生和建立起来的。但是，社会关系一旦建立起来并被固定化、制度化，就将规范和影响人与人之间的关系。而人和社会的和谐发展也就成为人们追求的理想和目标（许振明，2007）。②

二、社会和谐发展与人的自由全面发展的路径具有一致性

（一）人的发展不仅关系到社会发展的效果，也关系到经济发展动力

在我国工业化和现代化发展的新时期，人自身的发展越来越重要，不仅关系到社会发展的效果，而且关系到经济和谐发展的动力与潜力（史东明，2007）。③ 周建超（2006）也认为，人类社会的发展是由对立和冲突走向自由与和谐的历史，人的自由全面发展程度是衡量社会是否和谐的基础与核心。马克思从唯物史观的高度，从对资本主义的批判、社会有机整体内部各要素和谐发展和历史转向世界历史的过程提出了构建和谐社会的历史必然性，认为和谐社会的构建是以人的自由全面发展为前提和归宿的，而获得人的彻底解放和自由又是社会发展的最高境界和价值指向。因此，人的自由全面发展与社会的和谐发展是互为统一、逐步推

①　胡钧：《人的发展经济学研究文集》，线装书局2016年版，第185页。
②　许振明：《略论人与社会和谐发展》，载于《社科纵横》2007年第12期。
③　史东明：《和谐的增长：新时期经济增长动力与机会研究》，清华大学出版社2007年版，第112页。

进的。①

（二）经济增长并不能自发地实现人的发展

人类发展史表明，人类经济增长在最近几百年得到迅猛发展。但是，经济社会发展并没有带来人的自由全面发展。张宇、谢地等（2017）认为，联合国计划开发署 1996 年发表《人类发展报告》讨论了经济增长与经济发展的联系。该报告列举了五种有增长而无发展的情况：（1）无工作的增长（Jobless Growth），出现严重失业的经济增长，即与经济增长相伴随的是失业的增加；（2）无声的增长（Voiceless Growth），失去民主和自由的经济增长，即民众不能参与和管理公共事务，不能自由地表达自己的意见和观点；（3）无情的增长（Ruthless Growth），贫困与收入分配严重不公的经济增长，即经济增长成果大部分落入富人的腰包，穷人的生活状况得不到改善；（4）无未来的增长（Futureless Growth），造成资源耗竭、环境污染和身体破坏的增长，即不能持续的增长等；（5）无根的增长（Rootless Growth），毁灭文化，降低了人们生活质量的经济增长。②

三、社会和谐发展与人的自由全面发展要摒弃"重物轻人"的发展理念

（一）促进生产力提高的科技是以人为载体的

科学作为生产力，表现在它能引起生产力三个要素的重大变化。首先，从劳动者来说，劳动力是人生产某种使用价值时运用的体力和智力的总和。体力有限，但智力却能在对文化知识、生产技能、科学技术的学习和生产经验的积累中不断增强，从而能有效地改造自然。其次，从生产工具来说，任何一种新工具的出现，都是科学技术发展的产物。正如马克思

---

① 周建超：《论人的自由全面发展与社会和谐发展的统一》，载于《毛泽东邓小平理论研究》2006 年第 9 期。

② 张宇、谢地等：《中国特色社会主义政治经济学：制度·运行·发展·开放》，高等教育出版社 2017 年版，第 207～208 页。

所说："铁路、火车头、电报等是'物化的知识力量'。"由于其使用而带来的社会劳动生产力，"包括科学的力量"。第三，从原材料来说，新原材料、能源的发现，也离不开科学技术。如当代新型合成材料的出现而引起的劳动对象的革命，就是高分子化学发展的结果。此外，科学技术发展，会引起管理水平提高、工艺改善，使人和物更有效地结合起来（孙冶方，2015）。①

（二）要促进社会和谐发展与人的自由全面发展必须改变GDP导向

GDP 存在问题和单纯追求 GDP 存在危害，要更重视改良 GDP，进而建立更加科学的经济发展核算体系。转变经济发展方式和实现科学发展，出路不是取消 GDP，而是告别 GDP 崇拜，改革现行评价考核体系。要建立新的经济社会发展评价体系，即从 GDP 独大到经济社会发展综合指数（Comprehensive Development Index，CDI），不仅包括 GDP 在内的经济发展指标，而且包括民生、社会发展、国际贸易、资源节约、环境保护等在内的新指标（李金早，2011）。② 刘伟、蔡志洲（2006）也认为，GDP 改变了中国，也改变人们的思维方式。我们把它搬出了经济学家的神坛，让它走向千家万户，但在不知不觉中，我们又为它建成一座新的神坛，把它提高到了至高无上的地位。GDP 需要走下神坛，它不应该是一个至高无上的努力目标，而应该和其他经济和社会发展目标结合在一起，促进中国的可持续发展。③ 同样的，洪银兴（2016）也表示，长期以来，我国的经济发展基本上是以 GDP 为导向，可以说是以物为本的经济发展。我国的 GDP 总量达到世界第二后，就有必要也有可能从根本上克服GDP 崇拜，停止长期实施的投资推动 GDP 赶超战略，转向以人为本的经济发展。在马克思的生产力要素理论中，劳动者是起决定性作用的要素，在他的劳动价值论中复杂劳动创造的价值更高。而在现在的转变经

---

①　孙冶方：《社会主义经济论稿》，商务印书馆 2015 年版，第 434～435 页。
②　李金早：《告别 GDP 崇拜》，商务印书馆 2011 年版，第 5 页。
③　刘伟、蔡志洲：《走下神坛的 GDP：从经济增长到可持续发展》，中信出版社 2006 年版，第 23 页。

济发展方式理论中，人才资源被明确为发展的第一资源。以人为本就明确为人才为本。[①]

（三）建设现代财政制度要改变"物的发展观"

在经济体制转轨时期，名正言顺地转到"经济建设为中心"上来，GDP 成为各级政府全力以赴追求的基本目标。尽管这时也仍然没有提出发展观问题，但其实质仍然是计划经济时期的"物的发展观"的变种，它表现为不顾一切的，以追求 GDP 和财政收入为基本特征的"物的发展观"。这种发展观，也是以与转轨型经济体制相配套的"转轨型"财税体制为支撑的。然而，市场经济要求的是"公共财政制度"，即"公共型"财税体制。科学发展观是在市场经济体制基础上发挥作用的，因而需要的是市场型财税体制。要按照科学发展观的根本要求变革财税体制，就要实现财税体制的根本转型，即从目前的"转轨型"财税体制即初步建成的公共财政基本框架，转到真正的公共财政制度上来（张馨，2011）。[②] 在建设现代财政制度的新历史时期，更要转变传统的财政发展观，以提高财政改革效率。

四、社会和谐发展与人的自由全面发展要强化集体与个体相结合的经济发展模式

社会主义和谐社会从其本质上说，就是一种人的主体价值得到充分尊重，人的主体作用得到充分发挥，人人各尽其能、各得其所而又和谐相处的社会。坚持以人为本是社会主义社会的本质和价值，演化为一种和谐发展过程，就是要通过社会机体自身的改革与完善，不断促进社会成员成为自由的人、自主的人、自觉的人，并将这种人的主体性的不断提升融化在人与自然、人与社会、人与人的和谐发展之中（包心鉴，2005）。[③] 李稻

---

① 洪银兴：《中国特色社会主义政治经济学理论体系构建》，中国财经出版传媒集团、经济科学出版社 2016 年版，第 219~220 页。

② 张馨：《科学发展观与财税体制改革研究》，中国财政经济出版社 2011 年版，第 8~9 页。

③ 包心鉴：《以人为本与和谐社会》，载于《文汇报》2005 年 7 月 11 日。

葵（2014）认为，中国民众的集体偏好与美英等盎格鲁·萨克逊式[1]的政治传统不同，也与瑞典、西欧大陆的文化传统不同，中国民众相比于西方国家更加注重于社会秩序，也更加注重国家整体实力和形象，他们会以手、以脚，甚至以在互联网上讨论等各种方式影响着中国体制的演变。十年后的中国将会出现一个相对固化，目标模式相对明确，偏向于新加坡式[2]，注重集体、社会公益、国家整体形象和实力的经济发展模式。[3]

---

[1]　这种经济社会发展模式是以个人自由为主要追求目标、以政府分权和国家财力的相对微弱为标志的政治经济体制。

[2]　这种经济社会发展模式是政府以公共产品和公共秩序为重要目标、以国家综合能力为主要考量的经济社会管理体制。

[3]　李稻葵：《重启新改革时代的中国与世界》，中国友谊出版公司 2014 年版，第 220～221 页。

第 四 章

现代财政制度是促进社会和谐发展与人的
自由全面发展的重要制度保障

"国有百政，其财为母。"构建社会和谐发展模式，促进社会和谐发展与人的自由全面发展，显然离不开作为"庶政之母"——财政的支持。因此，根据我国经济社会发展方式转型的客观要求，不断深化财政制度改革，逐步完善与社会和谐发展模式相适应的财政制度，适时调整财政政策体系，充分发挥财政制度和政策体系对经济社会发展的调控作用，是新时期深化财政改革的主要任务。公共财政对社会民生的改善，不仅要通过财政收支结构调整，解决民生方面的现实需要等途径，更重要的是从"治本之道"入手，致力于探求建立促进民生和谐幸福的长效机制，进而勾画出公共财政在改善民生方面的路线图。[①] 据此，本章将重点探讨社会和谐发展、人的自由全面发展与现代财政制度的关系问题，并指出现代财政制度是促进社会和谐发展与人的自由全面发展的重要制度保障。

第一节　当前我国社会和谐发展与人的自由全面
　　　　发展存在的主要问题及影响因素

在不断推进改革开放和社会主义现代化建设过程中，我国取得了一系

---

① 闫坤、于树一等：《中国的市场化改革与公共财政职能转换》，社会科学文献出版社 2016年版，第160页。

列重大成就，为促进社会和谐发展与人的自由全面发展打下了坚实基础。但和谐不是没有矛盾，伴随着体制转轨和社会结构转型，一些影响社会和谐发展与人的自由全面发展的深层次问题逐渐凸显。

一、社会发展和人的自由全面发展不和谐的表现及影响

（一）腐败与民众权益缺失

市场化进程在加快我国现代化步伐的同时也导致腐败滋生蔓延，破坏了党和政府形象，严重不利于现代化建设。个别党政官员滥用权力甚至腐败，对民众权益造成了侵害，破坏了社会和谐发展与其他方面的发展。而部分弱势群体却无从维护个人的合法权益，甚至不知道自己拥有哪些权益。诸如集体上访、越级上访、暴力攻击公职人员、集体冲击政府部门等类似事件的发生多数是由于政务不公开、不透明、"暗箱操作"、潜规则和不完善的诉求表达与利益协调机制等因素造成的，这些只会激化社会矛盾，增加社会不和谐因素，也不利于人的发展。

（二）城乡、区域发展失衡

平均主义会降低效率，阻碍社会进步，而城乡之间、区域之间以及各阶层之间差距拉大使社会不平衡加剧，必将破坏社会稳定，不利于促进社会和谐发展。中国居民收入分配的差距主要表现在三个方面：城乡居民收入差距、地区间居民收入差距以及各阶层之间的收入差距。[①] "九五"计划以来，我国一直坚持区域经济协调发展，但东、中、西部的差距依然很大。区域经济的协调处理不好甚至会影响民族关系和国家统一。无论是城乡差距，还是东、中、西部差距，都将导致社会分层、社会断裂，严重影响社会和谐发展与人的自由全面发展。

（三）社会秩序仍不太稳定

社会秩序仍不太稳定有外部原因，也有内部原因。当前，民族分裂组

---

① 徐滇庆、李昕：《看懂中国贫富差距》，机械工业出版社 2011 年版，第 8 页。

织、宗教极端分子和国际恐怖组织比较活跃。他们以民族独立、宗教信仰至上为口号，制造混乱、歪曲事实，发表反动的观点和言论。恐怖分子借机进行恐怖活动，严重扰乱了人民正常的生产生活秩序。另外，由于企业管理不善，政府监督不够，安全事故频发，成为影响社会稳定的一个重要原因。煤矿事故、交通事故及其他事故中伤亡人数逐年上升。安全生产形势依然十分严峻。企业领导社会责任感缺失、粗放型的经济增长方式、安全工作监管不到位、安全投入少之又少，基础设备相当缺乏，这些都使社会稳定的维护成为一项紧迫的任务。

（四）人的发展与自然、生态环境冲突

良好的自然、生态环境是社会和谐发展的物质基础。当前，水、煤、电、油等资源紧缺以及生态环境承载能力下降成为制约社会发展的瓶颈。至今，我国仍没有改变"高投入、高消耗、高排放、低效率"的数量扩张型生产方式。片面追求经济增长，过度开发自然资源，忽视人与自然协调发展、环境保护，人类严重破坏了生态系统的再生功能。沙尘暴、水资源危机、疯牛病、SARS病毒、禽流感、甲流等全球性公共风险爆发就是自然、生态对人类的惩罚。

二、导致不和谐问题产生的主要因素

社会不和谐问题与冲突的产生，是多种因素共同作用的结果。概括的来说，是因为没有处理好经济与社会、政府与社会、社会各群体间的利益分配以及公平与效率的关系问题。

（一）经济与社会方面

随着改革开放和现代化建设的不断深入，经济与社会发展的深层矛盾和问题日益突出。究其原因，主要包括：一是重经济增长，轻社会发展。对于我们这个曾经积贫积弱的国家来说，集中有限的资源大力发展经济，把优先发展重工业作为战略重点，有历史的合理性也具有局限性。随着经济发展，要对以前的经济政策进行调整，但一些地方重经济增长、轻社会发展的情况并没有完全改变，依然存在经济发展了、其他社会问题都能够相应的解决的想法。二是过度重视经济指标。当前"政绩观""发展观"仍然比较盛行，个别地方过分重视经济增长，忽视社会事业发展，诸如城市化水平、社会保障覆盖面、教育卫生科技文化投入占 GDP 比例，以及失业率、贫困发生率、大气污染等方面问题突出。只有教育、医疗、社保等问题解决好了，才能为经济增长创造良好的社会环境。

（二）政府与社会方面

目前，如城乡管理制度、劳动就业制度、工资和收入分配制度、社会保障制度、教育制度、医疗卫生制度等社会管理体制都处于改革的过程中。在新旧体制转换中，难免会出现缺乏规范的问题，主要源于社会宏观调控机制、社会监督机制不健全，一些地方干部只向上负责、不向群众负责等现象。政府的权、责仍需加强。首先，政府应当承担主导责任，做好指导者、规范者和监督者。例如失业问题的解决，不仅需要政府的力量，而且政府、市场、社会、个人也应责任明确，各负其责，才能取得良好的效果。其次，加强对政府权力的监督。随着改革深入，一些干部的群众观念淡薄了，诸如在处理征地、拆迁等涉及民众重大利益的事情上忽视了平等对话、沟通和协商的重要性，致使一些矛盾激化。政府需要依法办事、廉洁高效、公正公平公开，才能取信于民。

（三）社会各群体间的利益

改革开放以来，国家以全面建成小康社会为任务，不断地、适时地调整相关的社会政策，协调各方面的利益，形成了一种新利益格局。但是，在新利益格局的形成过程中，又产生了新的问题：一是农民收入增长缓慢，社会阶层的收入差距越来越大；二是国有和集体企业的下岗失业职工增多，再就业形势严峻；三是农民工的劳动条件和劳动待遇较长时间没有明显改善。这些使工农群众相对经济地位下降，成为低收入群体。一些群体性的冲突和事件正是由此产生。因此，协调好社会各阶级阶层之间的利益关系，是涉及调整社会结构、扩大党的社会基础的重要举措。这就需要利益平衡和协调机制。既要充分发挥工人阶级、广大农民推动经济社会发展的作用，又要鼓励和支持其他社会阶层为经济社会发展积极贡献力量。既要保护先富群体，又要保障困难群众的基本生活，对市场竞争中的弱者给予救助，营造和谐的社会环境。

（四）公平与效率方面

社会各方面的建设与发展都离不开政府的宏观调控，主要表现为依靠法律、行政和经济等手段进行公共资源配置。公平与效率问题贯穿于社会分配始终。要实现社会和谐就要注重公平。首先，初次分配坚持效率优先。但是也不能忽视对机会均等、竞争公平和合法权益的保护。农民工的工资长期得不到提高、劳动条件长期得不到改善，农民对公共资源享用的不平等，一方面这固然是市场竞争的结果，另一方面也是劳动法规不健全和二元城乡结构造成的。其次，做好第三次分配，对再分配进行补充，主要涉及社会保障、社会救助、民间捐赠、慈善事业、志愿行动等各种形式，在照顾孤寡老人、帮助残障人群、保护弱势妇女、收养孤儿以及帮助失业者、贫困者、艾滋病患者、行为偏差者等方面发挥重要作用。显然，目前这一部分工作还没有到位，仍需完善和加强。

第二节　中国面临的经济环境：风险视角

未来，无论各方怎么研判中国经济走势，始终绕不开中国经济增长动力和风险的话题。分析人士对中国经济增长动力的分析侧重于改革红利、人口红利、制度红利和全球化红利等方面的规模增减和结构优化，争论点聚焦在重启经济增长动力的可能性、方式和路径上。无论怎么认识速度和质量，中国经济在增长过程中将面临各种风险。中国经济的中长期风险大于短期风险，未来的全面改革和宏观调控重点应该在稳增长前提下构建和完善应对中长期风险的长效机制。[①]

---

① 此节内容主要节选自笔者 2013 年 1 月 31 日刊发于《中国经济时报》的《中国经济应重点构建中长期风险应对机制》一文，略有改动。

一、短期风险：外部风险大于内部风险

中国经济短期内仍面临不稳定、不平衡和不可持续风险。表现为：外部经济环境仍存继续恶化的风险、内部新旧矛盾交织等。

（一）外部经济环境仍存继续恶化的风险

国际金融危机的影响仍在蔓延，全球经济失衡仍在持续。首先，全球经济仍没有完全走出"泥潭"，短期内完全复苏可能性不大。其次，"逆全球化""向内看"风潮涌动，保护主义盛行。最后，欧、日等主要发达经济体依然依赖量化宽松货币政策，这将导致大量投资资金流窜到新兴市场套利，造成股票市场和房地产市场泡沫化，而一旦资金逃逸，将产生市场大起大落的风险。另外，其他发达经济体和新兴市场经济体经济也面临下行压力，整体上并未完全摆脱经济减速期。

（二）内部新旧矛盾交织的风险

中国经济短期内仍面临不稳定、不平衡和不可持续风险，内部新旧风险突出表现在：首先，地方政府债务风险不可小视；其次，房地产市场风险或已显现；最后，银行表外资产膨胀、不规范的民间借贷与房地产等泡沫经济结合，一旦资金链断裂，中小企业和利益相关者受到冲击后引发的群体性事件概率变大。此外，经济下行后，经济快速增长时掩盖的一些旧矛盾开始凸显，演变为新矛盾，尤其是一些竞争力较弱的企业，开始使用一些违法、违规手段展开不公平竞争，扰乱市场秩序。

（三）外部风险大于内部风险

对中国经济短期风险而言，外源性风险大于内生性风险。主要外源风险因素包括国际大宗商品价格大幅波动，尤其是国际油价波动冲击，国际短期资本大举进出中国市场；如前文所言，短期的主要内生性风险包括地方债、房地产泡沫、企业经营成本上升等。虽然对外贸易依存度逐渐下降，但中国对外资的依赖仍然很强，在去杠杆化的过程中，欧洲金融机构

将从全球其他经济体大量撤资，这将会对经济造成冲击。从总体上看，中国经济趋缓主要制约因素源自结构性矛盾及内需不足。虽然近期经济下行压力增大，由于此轮经济收缩受主动调整、周期性波动等内部因素影响较大，更多对经济造成负面影响的结构性因素是长期的，负面效应只会逐步显现。

二、中长期风险：内部风险大于外部风险

从外部风险来看，全球经济格局调整和亚太地区经济发展都存在不确定性。从内部风险来看，存在对利益沉淀固化领域"开刀"的改革勇气不足的风险。

（一）外部风险："树欲静而风不止"

此次国际金融危机是美、欧等发达经济体长期经济运行中的深层次矛盾的集中爆发。以主要发达经济体内需为全球经济增长主要动力的时代将渐行渐远，将开始长期的深度大调整：一方面，全球经济格局调整中的利益博弈带来了不稳定性；另一方面，亚太地区经济具有不确定性，并有爆发主权债危机的可能性。以上双重外部风险给中国经济造成的压力是无法真正规避的。

（二）内部风险：改革勇气不足的风险

从中国经济中长期的内部风险来看，最令人担忧的也许是阻碍推动改革的一部分既得利益者。要推动和深化改革，很多领域已经凝聚了共识，不缺乏改革智慧，但匮乏的可能是敢于向一些利益沉淀固化已久领域"开刀"的改革勇气。虽然中国特色社会主义市场经济已在发展中不断完善，但仍然没有摆脱一些难以解决的利益分配问题：一方面，一部分先富阶层人为制造壁垒，对后来者通过努力致富形成阻碍；另一方面，一部分实力强大的既得利益集团"捆绑"资源分配机构，阻碍改革前进步伐。不容置疑，极端仇富心理过于激进，不应提倡。然而，当一个社会中拥有权力和能力的人不能获得公平机会，失去了起跑线上的平等，将不利于公平竞

争，最终也不利于社会长治久安。

（三）内部风险大于外部风险

2008 年国际金融危机对中国经济的最大冲击是延误了中国正在进行的经济结构调整和转型，使中国被迫采取大规模短期效果更明显的经济刺激政策，而这将以牺牲经济结构调整为代价。虽然中国经济与外部市场的同步性正全面提高，但由于内部制约因素很多是长期累积的基础性和结构性问题，内部的挑战和影响都会大于外部。一是仍在形成有利于科学发展的财税体制；二是仍存在一些扭曲的经济机制，比如生产要素价格形成机制不能完全反映市场供求和经济成本等；三是经济基本制度和市场体系仍需健全，比如垄断行业改革等；四是其他领域改革，比如收入分配改革等社会领域改革。

第三节　我国完全具备促进社会和谐发展与人的自由全面发展的现实实力

改革开放以来，我国经济社会发展取得举世瞩目的成就，不仅极大地改善了人民生活水平，也对世界发展做出了重要贡献。我国经济发展取得巨大成就的支撑因素很多，其中重要的推动因素应包括中国的理论创新、中国的制度优势。当然，要促进社会和谐发展与人的自由全面发展，也离不开中国经济发展奠定的坚实基础。

一、理论创新取得重大突破

根据马克思主义关于"理论与实践相互关系"的原理，中国共产党无论是在革命战争时期，还是在社会主义建设过程中，都十分注重理论学习与创新。毛泽东思想、邓小平理论、"三个代表"、习近平同志系列重要讲话精神在内的重要思想，都是理论创新和马克思主义中国化的重大成果，也是坚持和发展中国特色社会主义的思想罗盘和行动指南。

随着改革开放不断深化发展，党的十七大在总结历史经验教训的基础上，与时俱进，不失时机地提出了贯彻落实科学发展观的战略任务和要求。科学发展观的提出，是我们党在理论创新上的又一重大突破，为实现我国经济社会又好又快发展奠定了理论基础。党的十八届三中全会又将市场机制的作用提高到新的认知水平，同时对财政理论和财政制度提出更高的定位，这些都是党在理论创新上取得的重大突破。

以促进社会和谐发展与人的自由全面发展为切入点来看，科学发展观坚持"第一要义是发展，核心是以人为本，基本要求是全面协调可持续，根本方法是统筹兼顾。"根据党的十七大对科学发展观核心内容的概括与阐释，我们不难发现，科学发展观是与时俱进的马克思主义发展观，其对发展本质、目的、内涵和要求的概括和阐释，全面系统地回答了"为什么发展"和"如何实现发展"这一核心问题。显然，与传统的发展理论相比，科学发展观更能反映发展客观规律的要求，为将人类谋求发展的实践纳入应然秩序的轨道指明了方向，提供了更加有效的方式和方法。

理论创新取得的重大突破，为我们在社会主义和谐社会建设过程中更新发展理念，统筹发展内容，转变发展模式，不断破解发展难题，全面提高发展质量和效益提供了理论武器。要引领中国进步、实现人民幸福和自由，中国要不断丰富和完善党建理论、经济理论、外交理论等方面全方位的中国特色社会主义理论体系。只要我们坚持以科学发展观、习近平同志系列重要讲话精神为指导，善于及时发现并有效处理发展实践过程中出现的矛盾和问题，就一定能实现社会和谐发展与人的自由全面发展。

二、制度优势明显

早在中华人民共和国成立之初，我国就选择了走社会主义道路，逐步建立并不断完善社会主义制度的目标任务。经过近七十年坚持不懈的积极探索和实践，我国已经形成社会主义的基本经济和政治制度，为实现社会和谐发展与人的自由全面发展奠定了制度基础。

我国现在实行的基本经济制度是"公有制为主体、多种所有制经济共同发展的基本经济制度"。以公有制为主体的基本经济制度的建立，为阶级、阶级差别、阶级剥削的消灭和实现共同富裕创造了条件。我国现在实行的经济运行制度是社会主义市场经济，社会主义市场经济运行制度模式的建立和经济体制改革，不仅有利于充分发挥市场在资源配置中起决定性作用，提高经济效率，而且有利于更好发挥政府作用，防止"市场失灵"带来的种种弊端和问题，避免出现严重的贫富不均和两极分化。这又为调动广大人民积极性，实现社会财富快速增长与积累，全面提高国民物质文化生活水平创造了条件。

我国现在实行的基本政治制度，是人民当家做主的社会主义民主制度。社会主义民主政治制度的本质是人民当家做主，核心要求是保障人民权益，价值追求是公平正义。全国人民代表大会是最高权力机构，拥有立法、选择执政体制、组织政府、任免政府官员、监督司法等多方面的权力。由社会主义基本政治制度所决定，我国选择的是"以共产党为领导、多党合作"的执政体制，执政的基本方式是"依法治国"，实行"依法治国"与"以德治国"相结合。很明显，从理论上分析，这种政治制度是人类历史上迄今为止最先进的政治制度，只要作为执政党的共产党保持"立党为公、执政为民"，始终"代表最广大人民群众根本利益"的宗旨不变，先进性不变，并坚持不断提高党的执政能力与水平，坚持党要管党、从严治党，强化人民群众对执政者的监督与约束，真正落实人民群众对执政者的选择权和罢免权，实现社会和谐发展便有了政治制度的保障。

三、经济基础雄厚

自中华人民共和国成立以来，特别是党的十一届三中全会以来，我国经济一直保持高速持续增长，人民生活水平不断提高，综合国力不断增强。截至 2016 年底，我国国内生产总值达到 74.4127 万亿元，财政收入达到 15.9552 万亿元。"十二五"期间，我国经济潜在增速为年均 9.1%，随着我国经济发展进入"新常态"，预计"十三五"期间我国经济潜在增速仍将高达 7.1%（见表 4 – 1）。[1]

---

[1] 刘世锦等：《中国经济潜在增长速度转折的时间窗口测算》，载于《发展研究》2011 年第 10 期。

截至 2017 年 7 月，中国外汇储备资产增加到 3.08 万亿美元。从经济总量规模分析，我国已经成为世界第二大经济体，世界第一大贸易国，世界第一大吸引外资国和第二大对外投资国，成为对世界经济增长影响最大的国家。

表 4 - 1　　　　　2000～2016 年我国 GDP 和财政收入增长表　　　单位：亿元，%

年份		2009	2010	2011	2012	2013	2014	2015	2016
GDP	总量	349081.4	413030.3	489300.6	540367.4	595244.4	643974.0	689052.1	744127
	增长率	9.4	10.6	9.5	7.856	7.758	7.298	6.9	6.7
财政收入	总量	68518.3	83101.5	103874.43	117253.52	129209.64	140370.03	152269.23	159552
	增长率	11.7	21.3	25.0	12.9	10.2	8.6	5.8	4.5

资料来源：中华人民共和国国家统计局及相关网址：http://data.stats.gov.cn/easyquery.htm? cn = C01&zb = A0201&sj = 2015，新华社，世界银行及相关网址：http://data.worldbank.org/indicator/NY. GDP. MKTP. KD. ZG? locations = CN。

随着国民经济总体规模扩大，产业结构调整步伐逐渐加快，特别是我国工业化、信息化、城镇化、市场化、国际化进程加快，能源、交通、通信等基础设施建设进一步加强，金融、科技、教育、卫生、文化等现代服务业全面推进，我国现代产业体系迅速建立，为实现社会和谐发展奠定了坚实的物质基础。同时，伴随着经济总体规模扩大与现代产业体系建立，我国国民就业渠道逐渐增加，就业规模明显扩大，城乡居民生活水平普遍提高。2016 年，我国城镇居民人均可支配收入达到 33616 元，是 1978 年343 元的 98 倍以上；农村居民人均可支配收入达到 12363 元，是 1978 年134 元的 92 倍以上。[1] "减贫"取得重大成效，改革开放 30 多年来，共减少贫困人口 7 亿多人，农村贫困人口减少到 2015 年的 5575 万人，贫困发生率从 2012 年底的 10.2% 下降至 2016 年底的 4.5%，对全球减贫贡献率高达 70% 以上。[2] 人口规模得到有效控制，人口规模过大与资源短缺矛盾有望通过转变经济发展方式，依靠科学技术进步得到缓解。人口素质逐渐

---

[1]　资料来源：中华人民共和国国家统计局。

[2]　中华人民共和国国务院新闻办公室：《中国的减贫行动与人权进步》白皮书，2016 年10 月。

提高，九年义务教育基本普及，高等教育毛入学率已达到发达国家水平，人口大国逐步向人力资源大国和强国转变。

上述分析表明，实现社会和谐发展与人的自由全面发展的物质财富基础即将形成。只要我们合理有效地使用这些坚实的经济实力，注重解决社会发展过程中的矛盾和问题，促进社会和谐发展与人的自由全面发展的目标完全可以实现。

第四节　构建社会主义和谐社会的基本道路

自中华人民共和国成立以来，各项建设取得举世瞩目的成就已充分证明，中国只有走中国特色社会主义道路才能引领中国进步、实现人民幸福。我们的道路自信是一种客观和清醒的自我认识。因此，构建社会主义和谐社会，也应将观念、认识水平提到新的高度，同时调整工作重心、创新发展模式。

一、更新思想观念，提高认识水平

更新思想观念是创新发展模式的前提。众所周知，人的道德和心性是人类社会一切制度规范的根基，也是人处理自身与自然关系的基础，人作为唯一具有理性精神的自然之子，其作为理性精神集中表现的观念形态能否反映发展规律的要求，往往决定着一切制度规范选择的善恶与优劣。因此，随着人与人类社会的不断发展与进化，具有理性精神的人认知世界的经验与知识不断积累，以及认知水平也不断提高，人类观察和处理问题的思想观念必然发生变化。迄今为止，人类社会已经产生的所有制度规范，都是一定思想观念指导的实践结果。

为了促进社会和谐发展与人的自由全面发展，至少应在以下几个方面更新思想观念。

1. 更新人权观念，树立正确的"人权观"

人权平等主要是指"权利"的平等而不是"权力"的平等。权利平等主要包括人格平等、法律地位平等、生存发展机会平等、社会职业平等几个方面内容。至于由人们自身能力与职业要求决定的权力，客观上是有大小之分而不可能完全平等的。

2. 更新财富观念，树立正确的"财富观"

财富观包括如何认识财富、如何获取财富和如何使用财富等方面的思想观念。经济学关于财富的认识，经历了"物品即财富""金钱即财富""效用即财富"到"一切自然资源及人类共同创造的全部文化成果都是财富"的历史演变过程，并形成了"土地是财富之母，劳动是财富之父""劳动创造财富""创造效用的劳动就是创造财富的劳动""创造财富的目的就是满足人们不断增长的物质文化需要"等基本原理或理论。不可否认，这些思想理论成果，对促进社会财富增长和合理使用曾经发挥过重要作用。但同样不可否认的是，这些传统的财富观，在促进财富快速增长的同时，也导致了人类贪欲的膨胀，"金钱至上""物欲横流""漠视社会""破坏自然""破坏生态"的现象和行为屡屡发生并得不到有效批判和遏止。由此可见，构建社会和谐发展模式，必须更新传统的财富观念，树立"义本利末""取财、用财有道"的财富观。

3. 更新政治观念，树立正确的"政治观"

从学理上分析，政治包括三个层次的内容：一是伦理道德层次，抑或哲学层次的政治观念；二是制度规范层面的政治制度；三是行政治理层次的行政管理。关于政治伦理或政治哲学，孔子讲"为政以正"，原文在《论语·卷一·为政》，表述为"道之以政，齐之以刑，民免而无耻；道之以德，齐之以礼，有耻且格。"[1] 这里的"正"指的是"正义"，是价值观；关于政治制度，当代社会普遍倡导的是"民主法制"。"民主法制"主要是指制度规范；关于行政治理，孙中山表示："我们要解决民生问题，如果专从经济范围来着手，一定是解决不通的。要民生问题解决得通，便首先要从政治上着手。"[2] "民生主义，就是要弄到人生计上、经济上平等。"[3] 解决中国的经济问题必须要改进制度，同时要追求"公平"，即

---

① 陶新华译：《四书五经全译》，线装书局 2016 年版，第 60 页。
② 顾海良、颜鹏飞：《经济思想史评论》（第七辑），中国经济出版社 2015 年版，第 80 页。
③ 顾海良、颜鹏飞：《经济思想史评论》（第七辑），中国经济出版社 2015 年版，第 77 页。

"天下为公"。树立正确的政治观，首先必须从政治伦理或政治哲学层面解决问题，确立符合世界应然秩序的政治价值观，其核心就是坚持"正义"与"公平"。这里的"正义"与"公平"，既包括主政者处理人与自然关系的"正义"与"公平"，也包括处理人与人之间关系的"正义"与"公平"。

此外，我们在更新人权观念、财富观念、政治观念等基本观念的同时，为了全面提升人的理性精神及思想境界，还必须更新与之相联系的自然观、消费观、幸福观等一系列思想观念，构建有利于实现社会和谐发展与人的自由全面发展的思想观念体系。由于思想观念体系问题不是本书的研究重点，在这里不再一一赘述。

二、调整工作重心，提高工作效率

1978 年党的十一届三中全会，做出了关于将党的工作重心转移到经济建设工作上来并全面实行"改革开放"政策的重要决策。此后，我国社会主义建设进入了以经济建设为中心，逐步展开改革开放实践的历史阶段。在这一阶段，全党全国人民以邓小平理论为指导，以加快社会生产力发展、谋求经济快速增长为目标，积极推行经济管理体制改革，取得了国民经济高速增长的伟大成就。截至 1989 年，我国国民经济每年以 10% 以上的速度增长，成为世界上经济增长速度最快的国家。然而，随着国民经济持续高速增长，社会发展过程中的新情况和新矛盾逐步显现。由于对已经出现的新情况新矛盾关注不够，处理不力，在国外敌对势力的影响下最终酿成了 1989 年春夏之交的政治风波。从此，关于如何处理经济体制改革与政治稳定、经济增长与社会发展关系的思考逐步提上议事日程。

从 1989 年党的十三届四中全会，到 2002 年 11 月党的十六大召开之间的 13 年，以江泽民同志为核心的党中央，根据 1992 年邓小平同志南方谈话的主要精神，在确立社会主义市场经济体制改革目标，深入推动市场经济体制改革，继续谋求国民经济持续快速增长的同时，积极探索如何处理经济增长与社会发展矛盾的理论与方式问题，并先后提出了"三个代表"与"与时俱进""立党为公""执政为民"等重要思想。在上述重要思想的指导下，调整经济结构，转变经济增长方式，改革财税制度，精简政府机构，转变政府职能，关注"三农"及弱势群体利益，建立社会保障制度等工作渐次展开，党和政府的工作重心开始得到初步调整。

2002 年党的第十六次代表大会以来，以胡锦涛为总书记的党中央继往开来，在全面继承马克思主义、毛泽东思想、邓小平理论、"三个代表"重要思想的前提下，针对我国经济社会发展存在的矛盾和问题，又进一步做出了转变发展观念，加强党的执政能力建设，构建社会主义和谐社会等一系列重要决定，特别是"科学发展观"的提出和论述，构建社会主义和谐社会目标任务的确定，为调整党和政府工作重心指明了方向。党和政府工作重心的调整，是构建社会主义和谐社会的必然选择。

2012 年 11 月党的第十八次代表大会以来，以习近平同志为核心的党中央不断进行理论创新。2015 年 10 月党的十八届五中全会审议通过了《中共中央关于制定国民经济和社会发展第十三个五年规划的建议》（以下简称《建议》），提出并阐述了"创新、协调、绿色、开放、共享"的发展理念，反映了我们党对我国经济规律、自然规律和社会规律的新认识，是我国发展理论的又一次重大创新。其中，关于共享发展理念，可以做以下解读：人人共建、人人共享，是经济社会发展的理想状态。习近平同志提出的"五大发展理念"，把共享作为发展的出发点和落脚点，指明发展价值取向，把握科学发展规律，顺应时代发展潮流，是充分体现社会主义本质和共产党宗旨、科学谋划人民福祉和国家长治久安的重要发展理念。以共享发展理念引领我国发展，维护社会公平正义，保障发展为了人民、发展依靠人民、发展成果由人民共享，这对实现更高质量更高水平的发展提出了目标要求和行动准则，必将为全面建成小康社会、实现中华民族伟大复兴的中国梦凝聚最深厚的伟大力量。①

三、构建社会和谐发展模式，提高发展质量

构建社会主义和谐社会，必须创新发展模式。与社会主义和谐社会相

---

① 任理轩：《坚持共享发展——"五大发展理念"解读之五》，载于《人民日报》2015 年 12 月 24 日第 7 版。

适应的发展模式，必然是有利于实现人的全面自由发展并与自然和谐相处的模式。本书称这种模式为和谐发展模式。只有在社会主义社会建设过程中始终坚持践行和谐发展模式，社会主义和谐社会的建设目标才有可能最终实现。据此，本书认为，促进社会和谐发展是构建社会主义和谐社会的必由之路。

我们所要创新并坚决实行的和谐发展模式，是以人与自然、生态和谐相处为前提的发展模式。人就其来源而言，是自然发展进化的产物，不可能独立于自然发展进化规律之外而存在。人与人类社会的发展，如果不能与自然进化和发展相协调，就将失去其存在的根据。因此，作为自然之子的人及由人组成的人类社会，必然要尊重自然、关爱自然，并坚持按自然规律办事；以人与自然和谐相处为前提的发展模式，是以"实现人的全面自由发展"为目的的发展模式。这种发展模式的目的指向，与单纯以经济增长和满足人的物质需求为目的的模式不同，它更加符合发展的客观规律和自然秩序，更能反映人的本质属性和发展要求；以人与自然和谐相处为前提的发展模式，是一种系统发展模式。这种发展模式将社会作为一个巨型复杂系统，以促进社会系统整体持续的文明进步为目标，统筹思考并处理自然生态建设、经济建设、政治建设、科技文化建设、思想伦理道德建设等问题，谋求以上各个方面建设发展相互关系的协调与均衡。这不仅有利于减少发展过程中的矛盾与冲突，而且有利于降低发展的总体代价与成本，提高发展的综合效率与效益；以人与自然和谐相处为前提的发展模式，是综合运用多种机制促进社会发展的模式。这种发展模式将市场机制、民主法治机制、伦理道德机制、科技文化创新机制与社会工作机制作为主要运行机制，力图通过深化经济体制、政治体制、教育科技文化体制和社会管理体制的配套改革，不断完善各种体制机制，综合发挥各种机制的功能与作用，以达到实现社会和谐发展的目的。

构建社会和谐发展模式，是当前我国社会主义和谐社会建设的主要任务。根据上述对社会和谐发展模式主要特征的分析，本书认为，我们在提出并不断推进经济发展方式转变的同时，还应不失时机地加强关于转变政治发展方式、科技文化发展方式等问题的研究。依据马克思主义关于"生产力与生产关系""经济基础与上层建筑"相互关系的原理，建设社会主义和谐社会，单纯靠转变经济发展方式是不够的，还必须不失时机地转变政治、科技文化、教育等发展方式。没有政治、科技文化、教育等发展方式的转变，转变经济发展方式的任务也是很难实现的。

第五节　现代财政制度和政策在经济社会发展和现代治理中的核心地位和作用

所谓政策和制度，简言之就是政府的行政之策和制度，具体是指政府制定的行政准则与规定，它是国家或政府意志的集中反映。现代财政作为国家或政府的核心职能，其有关处理财富与政治关系的制度政策，显然在经济社会发展和现代治理中具有核心地位和作用。

一、经济学对财政政策和财政制度的解释

经济学对财政政策的解释，最早当属古典经济学的创始人亚当·斯密。斯密在其代表作《国富论》中尽管没有使用财政政策一词，但他围绕"如何创造财富以富国"这一主题提出的促进"社会分工"，实行"自由市场经济"，充分发挥"看不见的手"对经济的调节作用，主张政府不干预或少干预市场经济活动，只是充当"守夜人"或"裁判员"的角色，以及建立"廉价政府"，实行"中性的税收政策"等观点或理论，无不具有政府财政政策的性质和特点。正是斯密在《国富论》中提出的上述理论或政策建议，为英国工业革命奠定了重要的思想基础。

最先使用财政政策一词并主张对经济实行政府干预的是凯恩斯。1936年，英国经济学家凯恩斯在其《就业、利息、货币通论》中，详细阐述了政府运用财政政策对经济活动进行干预的政策主张。凯恩斯在提出扩张性货币政策的同时，认为要达到充分就业仅采用这一货币政策是不够的，特别是在经济危机中，所增加的货币数量可能被增大的"流动偏好"所吸收，而对利率不发生影响，从而对实际投资不起作用。因此，他认为必须同时采用其他政策相配合，其中最主要的就是赤字财政政策。其理由主要

是：当"有效需求"不足，即边际消费倾向偏低造成消费需求不足，资本边际效率相对于利息率偏低造成投资需求不足时，而利息率偏高又是由流动偏好偏高或货币数量偏少造成的，这就必然导致总供给小于总需求。由于市场调节无法实现总供求的一致，因此，政府有必要通过扩大财政支出、增加社会投资的方式刺激经济总量的增长。

之后，新古典综合派又进一步发展并完善了凯恩斯的政府干预理论，认为可以适当通过多种政策措施，尤其是通过财政政策和货币政策的适当组合来解决"滞胀"问题。凯恩斯主义的经济政策，是刺激经济增长的扩张性政策，而且政策的实施主要通过政府干预，且以扩大政府开支为中心内容的扩张性财政政策为主，以增加货币供应量为核心的扩张性货币政策为辅。

凯恩斯的政府干预理论提出以后，很快被主要资本主义国家所接受并采用。凯恩斯的这一经济政策，在一定程度上改善了资本主义社会的经济调节机制，特别是在缓解经济危机、减少失业和促进经济发展方面取得了显著效果。在第二次世界大战后近三十年时间，西方各国实施凯恩斯主义的扩张型经济政策，工业生产增长近三倍，速度之快前所未有。

二、我国财政政策和制度核心地位和作用的主要表现

与诸多社会经济政策相比，财政政策和制度因其内在的宏观调控职能及与其他政策的高度关联性，决定了其在经济社会发展中的核心地位和作用，其主要表现是：

（一）财政政策和制度是保证经济社会平稳协调发展的安全阀

财政政策和制度对保证经济社会平稳协调发展极其重要，特别是在经济社会发展出现大波动的情况下，其核心地位与作用尤为明显。一是应对1997年亚洲金融危机。当亚洲金融危机来袭时，国内经济出现非正常波动，中国人民银行根据当时通货紧缩的现实，多次降息，但对经济推动的作用效果却仍不明显。除了居民消费需求不足以外，一个重要的因素就是政府支出不足。从1993年到1996年上半年央行一直实行适度从紧的货币

政策，为了应对困难，央行从 1996 年下半年起连续 8 次降息，但由于财政支出增长进一步下滑，政府有效需求严重不足，使货币政策效果不能明显显现出来，偏紧的财政政策抵消了降息政策的效果。二是应对 2008 年国际金融危机。国际金融危机爆发后，世界各国经济无不遭受重创，有的甚至迄今仍未走出经济谷底。然而，在我国因财政政策适时而变，且"导向明"，即重民生、保增长、促消费、活市场、统内外、利长远；"力度大"，2009 年全国财政安排赤字 9500 亿元，各项税费减免政策预计减轻企业和居民负担约 5000 亿元；"工具多"，将预算、税收、贴息、减费、增支、投资、国债、转移支付等若干财政政策工具组合起来一起使用，在短期内便使经济实现总体回升向好的稳定局面。三是统筹稳增长与调结构。近年来，为继续应对国际金融危机冲击，保持经济平稳较快发展，推动经济结构调整和发展方式转变，我国一直实施积极财政政策，适度扩大财政赤字规模，合理控制政府债务水平，同时进一步实施减税降费政策。从政策效果看，财政政策既起到了稳定经济增长的积极作用，也对结构性改革发挥了重要作用。由此可见，财政政策和制度在经济社会发展中具有巨大的作用和影响。

（二）财政政策和制度是切实增进民生福祉的主要动力

民生问题，是构建社会主义和谐社会的核心问题。国民生活幸福、心情舒畅，是社会和谐的重要标志。在高度集中的计划经济时期，国家财政支出范围基本覆盖了政府、企业和家庭等社会各个领域、各个方面。改革开放初期，国家财政加大了对农业、科技、教育等领域的投入，集中资金保证国家重点建设，加强基础设施和基础产业，为经济发展奠定了坚实基础。党的十六大以来，财政部门按照科学发展观要求，坚持以人为本，继续优化支出结构，不断加大对公共服务领域的投入，向社会主义新农村建设倾斜，向社会事业发展的薄弱环节倾斜，向困难地区、基层和群众倾斜，着力建立保障和改善民生的长效机制。农村免费义务教育全面实现，普通本科高校、高等和中等职业学校家庭经济困难学生资助政策全面落实，新型农村合作医疗制度全面推行，城乡最低生活保障制度全面实施，廉租住房保障制度基本建立等，有力地促进了社会主义和谐社会建设。党的十七大之后，按照深入贯彻落实科学发展观、加快构建社会主义和谐社会的要求，国家财政进一步加强了对民生等重点支出的保障。2008 年，中央财政安排用于"三农"的各项支出达到 5955.5 亿元，比上年实际增长 37.9%，主要用于增加对农民的补贴，大力支持农业生产，加快发展农村社会事业。全国财政安排教育支出 9081.95 亿元，增长 27.5%，保障教育优先发展；安排社会保障和就业支出 6684.33 亿元，增长 22.7%，重点支持完善社会保障体系、促进就业等；安排医疗卫生支出 2499.06 亿元，增长 25.6%，推进医疗卫生体制改革等。2009 年中央财政用在与人民群众直接相关的教育、医疗卫生、社会保障和就业、保障性安居工程、文化方面的民生支出安排合计 7284.63 亿元，按可比口径增加 1653.34 亿元，增长 29.4%，财政支出的公共性、公益性特征日益明显。近些年来，财政不断加强对民生领域支出，对民生事业发展做出巨大贡献。其中，2016 年，我国继续扎实推进民生事业建设。落实更加积极的就业政策。通过社会保险补贴、职业培训补贴等方式，鼓励企业吸纳就业困难人员，提高劳动者职业技能，增强就业公共服务能力。促进教育均衡发展，统一城乡义务教育学校生均公用经费基准定额，免除普通高中建档立卡等家庭经济困难学生学杂费，分类推进中等职业教育免除学杂费。加强基本民生保障。全面实施机关事业单位养老保险制度，继续提高退休人员基本养老金标准。城乡居民基本医疗保险财政补助标准提高到每人每年 420 元，个人缴费标准相应提高到 150 元。城市公立医院改革试点扩大到 200 个城市，基本公共卫生服务项目年人均财政补助标准提高到 45 元。进一步建立健全特困人员救助供养制度，保障城乡特困人员获得救助供养服务。[①] 由此可见，财政政策是确保民生福祉和社会安全稳定的主要动力。

（三）财政政策和制度是促进经济结构调整和经济社会发展方式转变的主要工具

当前，我国经济和社会发展面临诸多结构性矛盾与问题：经济增长与

---

① 肖捷：《在全国财政工作会议上的讲话（节选）》，载于《中国财政》2017 年第 3 期。

资源约束的矛盾日渐突出，生态环境压力增大；国民收入分配结构失衡，城乡居民收入水平差距过大，基尼系数已经超过国际警戒线；潜在的生产能力过剩，高新技术产业发展缓慢，产业结构转换升级能力不足；新增就业岗位相对有限，就业压力和人口老龄化压力并存；公共资源配置不均，城乡与地区差别过大；社会矛盾逐渐显现，治安压力增加。而要解决上述问题，推动国民经济向"节约型经济""循环经济""环境友好型经济"转化，将国家行政工作的重心逐渐转到以关注与解决民生问题为主的轨道上来，加速推动"学习型""创新型""和谐型"社会建设，无不需要财政政策的支持。山西省财政厅（2008）认为，和谐社会建设离不开和谐财政的建设，和谐财政既包括财政支出中教育、科技、农业、社会保障、环境保护等支出比例关系的协调，也包括各级政府间财力对比关系的协调。只有各级财政收入和财力对比关系协调，能够激发起各级财政共同增收节支的积极性，才能够做到和谐财政。改革财政体制正是解决这一问题的重要手段。因此，按照"三个代表"重要思想和科学发展观的要求，对财政体制中过时的、不适宜的因素加以改革、调整和完善，是促进财政经济又好又快发展的必然要求。[①] 同时，要从经济新常态和国家治理现代化视角理解新一轮财税体制改革，还应构建大国财政，促进全球经济新秩序的形成，促进新财政治理。[②]

因此，适时调整财政政策，深化财政制度改革，是促进社会和谐发展与人的自由全面发展的关键。

三、我国财政政策和财政制度的实践：推动经济社会全面发展，充分体现了社会主义制度优越性

新中国财政发展和改革的历史反映了我国社会主义建设不同时期社会经济发展的历程，反映了我国综合国力不断增强的过程。近 70 年来，在

[①] 山西省财政厅：《调整规范财政体制 促进社会和谐发展》，载于《山西财税》2008 年第 7 期。

[②] 高培勇、张斌：《经济新常态下的中国财税》，中国财经出版传媒集团、中国财政经济出版社 2017 年版，第 21 ~ 37 页。

不同的经济社会发展阶段，财政认真履行职能，不断改革创新，为贯彻执行党和国家在各个时期的方针路线做出了积极的贡献，增强了社会主义的生机与活力。特别是改革开放以来，财政改革与发展取得的突破性进展，增强了国家财政的整体实力，支持和配合了改革开放的顺利进行，促进了社会、政治、经济的稳定和发展，推动了社会主义制度的自我发展与完善。一是不断壮大财政实力，为我国全面发展奠定了雄厚的财力基础；二是认真履行财政职能，促进经济社会的全面协调可持续发展；三是着力推进财政改革，推动我国社会主义制度的完善和发展；四是加强财政制度建设，财政工作的法治化、规范化、科学化水平不断提升。①

财政政策调整和财政制度改革，促进了我国国民经济的持续快速增长。伴随着国民经济的持续快速增长，我国财政收入也逐年快速增加。事实证明，充分发挥财政政策调整和制度改革对建立社会主义市场经济体制和促进经济社会发展的核心地位和作用，效果是十分明显的。

第六节　加强现代财政制度建设是促进社会和谐发展和人的自由全面发展的必然选择

由财政的本质与功能所决定，一切社会组织的财政制度安排，都属于现代财政制度的范畴。这是因为，一切社会组织的财政，都是服务于社会组织的公共需求服务，所不同的只是公共服务的边界、范围和方式不同而已。国家作为现代社会的最高组织形态，其财政制度选择和安排，当然更应突出其为公共利益与公共需求服务的目的。同时，财政作为承担国民经济宏观调控职能的部门，在实现经济社会各项发展战略目标、推进和谐社会建设方面负有重要的责任，任重道远（亏海川，2008）。② 因此，建立并不断完善现代财政制度，是深化我国财政制度改革以及促进社会和谐发展与人的自由全面发展的必然选择。

---

① 谢旭人：《中国财政 60 年（上卷）》，经济科学出版社 2009 年版，第 30～35 页。
② 亏海川：《保障改善民生　促进社会和谐发展》，载于《中国财政》2008 年第 1 期。

一、现代财政的性质与特点

（一）体现公共性和现代治理

在成熟的市场经济条件下，现代财政主要为满足社会公共需要、现代治理而进行的财政收支活动模式或财政运行机制。它是为社会提供公共产品和服务、进行现代治理的政府行为，其内涵主要包括：以满足社会公共需要和现代治理作为财政工作的主要目标和工作重心，以公民权利平等、政治权力制衡为前提的规范的公共选择作为决策机制，以公开、透明、完整、事前确定、严格执行的预算作为基本管理制度。现代财政的基本特点是：以追求社会"公平正义"为宗旨，以满足社会公共需求和现代治理为目的，合理安排财政收入与支出结构，随时关注市场经济活动状况，灵活运用多种财政政策工具或手段，及时对经济活动进行宏观调控以弥补市场失灵。成熟市场经济条件下的国家财政本质就是"现代财政"。

现代财政的职能源于政府（或国家）的职能，作为一种政府职能其作用主要体现在以下四个方面：一是优化经济结构，提高经济效率，促进国民财富持续快速增长；二是合理组织安排财政收支，满足社会公共需求；三是缩小收入差别，体现经济公平确保社会安全；四是有效进行现代治理，推动构建现代治理体系并提高治理能力，赋予人权利、机会与能力。因此，现代财政要以市场经济、公共需要、公共物品、公共事务、公共选择等理论为依据，构建制度与政策体系。同时，现代财政是适应民主政治发展要求而出现的，它首先是一个政治范畴。按照现代财政的一般属性和我国社会经济发展的实际，其职责主要为：筹集提供公共产品和服务的资金，为政府履行公共服务职能提供财力保障；合理分配公共财政资源，重点保证公共服务领域的支出需要；相机抉择财政政策，对宏观经济运行实施有效调控，促进经济社会持续健康快速发展。

（二）现代财政是市场经济体制的本质要求

现代财政也是市场经济体制的本质要求。亚当·斯密在《国富论》中将政府财政的范围与职能界定为公共安全、公共收入、公共服务、公共工程、公共机构、公债等，从而确立了公共财政理论的基本框架。公共财政理论认为，在市场经济条件下，市场机制是资源配置的基础手段，但是完全依靠市场机制来调节社会全部资源的配置是不够的，因为市场经济也需要公共物品。因此，需要公共财政弥补市场机制的不足。现代财政理论则认为，市场机制在资源配置中起决定性作用，政府也要更好地发挥作用。同时，财政是加强现代治理，弥补市场失灵，提高市场效率的重要工具。主流经济学将市场经济作为研究对象，由于真实的市场交易费用不为零，即由于存在交易成本，人类在经济活动方面的非交易性合作始终是一个必不可少的理性选择（科斯，1937）。[①] 因此，公共经济的存在就成为一种比市场经济更为普遍的现象。现代财政是与市场经济共存的一种财政制度，是为市场和社会提供公共产品与公共服务、促进现代治理的财政，是非营利性的财政，是民主与法制化的财政，是体现社会公正的财政。

现代财政是财政制度改革的必然选择。人类社会演变的历史表明，公共产品的需求结构决定着公共经济制度结构的变迁。将现代财政作为中国社会转型时期的财政制度改革目标，是促进市场公平与效率的必然选择。经过30多年的改革开放，我国市场经济主体已经多元化。市场主体的多元化，同时要求政府提供多元化的公共产品与公共服务以满足市场多元化主体的公共需求。这既是增进国民福利的要求，也是维护市场公平与提高市场效率的要求。在新的起点上，建设现代财政已成为新的历史任务和重要战略。

二、现代财政在促进社会和谐发展与人的自由全面发展中的功能定位

促进社会和谐发展与人的自由全面发展，需要具备有效的资源配置机制，安全的社会保障机制，健全的矛盾疏导机制，较强的经验化解机制。

---

① 周其仁：《产权与制度变迁：中国改革的经验研究》（增订本），北京大学出版社 2004 年版，第 305 页。

现代财政制度既是上述机制的制度安排，又是政府运用公共资源为社会和谐发展与人的自由全面发展提供物质保障的制度保证。由社会和谐发展与人的自由全面发展的要求所决定，现代财政制度必须具备并充分发挥以下几个方面功能。

（一）市场经济的调控功能

社会主义市场经济，是坚持市场机制与政府宏观调控机制相结合的一种制度安排。由社会主义市场经济的制度安排所决定，建立并不断完善现代财政制度便是一种必然的选择。现代财政制度是社会主义市场经济制度的重要组成部分。财政作为政府对市场经济进行宏观调控的核心职能，必须充分发挥其为市场经济发展提供有效公共服务的功能。为此，国家财政制度安排，必须从传统的"生产建设型"转向"公共服务型""现代财政型"。政府应当通过实施科学合理的财政政策，提供足够有效的公共产品与公共服务，防止经济大幅波动，促进经济持续快速协调发展，最终实现人的自由全面发展。

（二）社会安全保障功能

为了促进社会和谐发展与人的自由全面发展，财政在致力于经济发展、经济结构优化和经济增长方式转变的同时，还要充分发挥社会安全保障功能，将财政工作重点逐渐转向支持扩大就业、均衡社会保障、促进教育公平、缩小城乡差别、化解社会矛盾等方面，为促进社会和谐发展与人的自由全面发展创造良好的社会环境与条件。

（三）自然资源、生态环境保护功能

为了促进人与自然和谐相处，为经济社会可持续发展创造良好的自然资源及环境条件，财政必须提高财政资金对生态环境保护投入的比重，鼓励社会资金参与生态建设和环境污染整治，特别是要增加重要生态功能区、水系源头地区和自然保护区等重点地区的投资。政府采购要优先购买对环境影响较小的绿色产品，促进企业发展循环经济，节约资源。加大税收对资源开采和使用的调控力度。

（四）自我完善功能

建设现代财政制度是一项长期任务。目前，重点是完善税法，规范纳税行为，建立和谐的征纳关系；提高财政透明度，实行财政信息公开，建立与国民利益密切相关的重大财政事项社会公示制度；完善部门预算和国库集中收付制、政府采购制度，规范政府基金和收费项目，建立统一、完整的现代财政预算体系，依法规范财政行为；继续完善债务运行机制，防范地方债务财政风险；加强财政监管，改进财政绩效评价方法，提高财政工作质量和水平。

三、建设现代财政制度亟待解决的主要问题

现代财政制度的基本特征归结为三大性质：公共性、非营利性和法治化。[①] 自 1998 年提出建立公共财政制度目标任务以来，经过近 20 年来的不懈努力，应该说我国公共财政制度的基本框架已经形成；财政的公共服务目标更加明确；提供公共产品与服务的实力逐渐增强；对国民经济实行宏观调控的能力明显提高；财政预算管理的力度逐渐加强；财政收支结构安排日趋合理；国家安全、民生福祉得到有效改善。然而，由于在新的历史时期，国际形势非常复杂，我国经济社会面临较多风险、挑战及新的改革任务，政治体制改革相对滞后，深化财政制度改革面临的问题仍然很多，这主要表现在以下几个方面：

（一）财政职能应更加明确

财政职能的定位及行权领域和范围有待进一步明确。目前，由于政府机构仍然过多，管理职能、行权范围交叉、错位现象仍然存在，多头管理与无头管理的事项同时并存，不利于财政应然职能的发挥。

---

① 高培勇：《论国家治理现代化框架下的财政基础理论建设》，载于《中国社会科学》2014年第 12 期。

（二）收入体系还有待进一步完善

财政收入制度安排不够完善，税收中性与公平的原则没有很好发挥，税收结构不尽合理，税种、税率设计尚待改进，少量非税收入没有纳入财政收入预算范围，降低了政府收入的透明度，进而可能对促进社会和谐发展造成影响。

（三）支出结构要进一步优化

财政支出结构安排不尽合理，体现社会公平的公共产品、公共服务支出仍然不足，地区差异过大，如基础教育、卫生防预、社会保障、环境治理等。非公共需求的支出仍然占有不小的比例，比如对企业的某些拨付款，不仅挤占了公共支出，而且有损市场的公平竞争。财政支出预算管理不严，执行预算的透明度存在疑问，挪用、挤占、浪费预算资金的现象严重。

（四）法治化水平有待提高

规范现代财政制度的立法进程相对滞后，完善的法律体系尚未形成，现有相关法律如《税收征收管理法》《政府采购法》《行政处罚法》等不仅太少，而且存在明显缺陷，依法行使财政职能的法律根据不足。同时，虽然《预算法》等有关财政的基本大法已再次修订，但有关税收等相关法律还有待完善。

此外，还有财政风险评估管理制度、财政监督制度、国有资产收入管理制度等相关制度也需要进一步完善。这说明，尽管我国公共财政制度的基本框架已经建立，但需要进一步解决的问题仍然很多，建设现代财政制度任重而道远。

第五章

促进社会和谐发展与人的自由全面发展的现代财政制度建设的总体构想

基于前几章分析，我们或可以考虑从促进社会和谐发展与人的自由全面发展视角思考建设现代财政制度。社会主义社会建设的最高级价值目标是通过促进社会和谐发展，最终实现社会主义和谐社会与人的自由全面发展。因此，以人为中心的现代财政制度并非完全抛弃传统的公共财政理念，并不是否定物的发展理念，而是一种递进、升华，兼顾物的发展，更多地体现现代性、可持续性和新的自由观。因此，要树立"协调观""体验观"和"大国财政观"，并以"权利、机会与能力"为切入点加强现代财政制度建设。

第一节　协调观：促进和谐发展与人的自由全面发展的宏观保障

中国全面改革的历史进程，既不能用"华盛顿共识"以及作为对"华盛顿共识"反思和批判结果的"后华盛顿共识"来解释，也不能用"渐进—制度演化论"来概括，"北京共识"也只是在现象层面的粗浅描述而未深入本质，中国经济改革有着自己内在的逻辑，从中国经济改革的实践出发，追随着它的历史进程。①

一、政府与市场、社会的协调

（一）财税改革要使市场与政府更加有效，根本落脚点是资源配置问题

如果我们从市场的几个门类来看，有产品市场、劳动市场、资本市场、土地市场和技术市场。中国的哪一个市场发展得最好？政府干预最少的，发展得最好。政府最应该做的是保护产权、推动竞争（张维迎，2012）。② 同时，中国要真正转变发展方式、调整经济结构，需要进一步解放思想，厘清改革方向，继续保持忧患意识和危机意识，凝聚改革的共识与内生动力，切实有效地推进深层次市场化改革。市场的本质是无为而治，而无为而治的必要条件是完善市场制度让市场有效，而让市场有效的必要条件是要有一个有效的政府，而要有一个有效的政府的必要条件是要有一个有限和定位恰当的政府（田国强等，2015）。③ 政府与市场关系的协调，最终是为了更好地发挥两者的作用，提高资源配置效率。同时，财税改革也应起到关键作用。楼继伟（2008）表示，财税改革作为经济体制改革和政治改革的交汇点，30 多年来进行了多次重大改革，并与价格、国有企业、货币金融等领域的改革相配合，推动了中国经济体制的根本性转变。财税改革触及的问题很多，几乎涉及各个方面利益关系的调整，但改革的主线和根本落脚点仍是资源配置问题。同时，财税改革的实施离不开中国经济和社会的大环境，不同阶段的财税改革重点有着明显的时代烙印。④

从党的十四大以来，对政府与市场关系，中国共产党一直在根据实践

---

① 《当代马克思主义政治经济学十五讲》编写组：《当代马克思主义政治经济学十五讲》，中国人民大学出版社 2016 年版，第 267 页。

② 张维迎：《市场的逻辑》，世纪出版集团、上海人民出版社 2012 年版，第 44～46 页。

③ 田国强等：《中国经济增长：反思与展望》，上海人民出版社 2015 年版，第 9 页。

④ 楼继伟：《楼继伟改革论集》，中国发展出版社 2008 年版，第 186～187 页。

拓展和认识深化寻找新的科学定位，认识一直在不断深化。党的十五大提出"使市场在国家宏观调控下对资源配置起基础性作用"，党的十六大提出"在更大程度上发挥市场在资源配置中的基础性作用"，党的十七大提出"从制度上更好发挥市场在资源配置中的基础性作用"，党的十八大提出"更大程度更广范围发挥市场在资源配置中的基础性作用"，党的十八届三中全会提出"使市场在资源配置中起决定性作用和更好发挥政府作用"。

（二）财政要顺应政府职能转变的需要，优化支出结构和创造有利于创新的制度环境

国家财政要顺应政府职能转变的需要，进一步调整和优化支出结构，逐步规范公共财政支出范围；要逐步退出一般竞争性领域，逐步减少对企业的经营性发展项目、应用性研究项目的资助，增加对教育、科学、卫生、公共安全、社会保障、基础设施建设的保障力度（吴敬琏，2013）。①周其仁（2013）认为，不继续在一些关键领域推进改革，不继续推进社会主义市场经济方向的改革，不推进健全社会主义民主和法制的政治改革，很多社会矛盾会呈现连锁爆发趋势。② 因此，财政改革和政府职能转变要促进优化企业环境，提高企业效益。张维迎（2017）认为，企业家精神是经济增长的源泉。一部经济增长史就是企业家的创业、创新史，发达国家如此，中国过去 30 多年也如此。传统的经济学主要聚焦于资源配置的角度，这是非常有局限的。市场的真正功能或者说主要功能不是资源配置，而是推动技术进步。只有不断的技术进步，才能有经济的持续增长。从企业家精神的角度看中国经济，简单来说，过去 30 多年中国的高增长主要来自企业家的套利行为推动的资源配置效率的改进，这样的套利不仅包括中国企业家的套利，也包括外国企业家的套利。无论是套利还是创新都对制度有要求，最基本的要求就是自由、产权和法治。③

---

① 吴敬琏：《中国增长模式抉择》（第 4 版），上海远东出版社 2013 年版，第 215～217 页。
② 周其仁：《改革的逻辑》，中信出版社 2013 年版，第 9 页。
③ 张维迎：《创新需要什么样的金融体制?》，载于《经济观察报》2017 年 1 月 9 日。

二、公平与效率的协调

（一）公平与效率都是价值判断的规范标准

效率和公平都是规范标准，它们表明应该怎样，而不是必然怎样或如何才能怎样。其中任何一个标准都不是政府应该做什么的充分条件，通常必须在它们之间进行取舍。有效率也许不公平，公平也许没有效率。效率是重要的，公平也重要。对人类社会而言，对道德、公平和正义的情感是必不可少的（乔·B·史蒂文斯，2014）。[①] 林毅夫（2012）认为，如果能做到深化改革，完善市场体系，按照比较优势发展各个产业，企业竞争能力增强，政府不再需要过多的保护和补贴，寻租行为减少，社会风气得到改善，最终使得在初次分配的过程中，实现公平与效率的统一。[②]

（二）财政要在公平与效率的平衡中发挥重要作用

财政嵌入到国家治理体系的每一个维度，从经济的维度来看，政府与市场的关系是主脉，关键词是"效率"；从社会维度来观察，财政与社会的关系是主脉，关键词是"公平"。[③] 张维迎（2012）也认为，对财政收入与国民收入同步增长的观点也不可绝对化。财政的目的无非有二：一是控制宏观经济，促进资源的合理配置；二是实现收入的再分配。前者奉行的是效率原则，后者奉行的是公平原则。财政收入究竟应该占国民收入的多大比例，应以满足这两个目的为限。实践证明，收入过于集中使用，往往不利于资源的合理配置。[④]

虽然我们可以用效率和公平的标准来衡量和评价中央地方关系，但是

---

① ［美］乔·B·史蒂文斯著，杨晓维等译：《集体选择经济学》，格致出版社、上海三联书店、上海人民出版社2014年版，第17页。

② 林毅夫：《解读中国经济》，北京大学出版社2012年版，第239页。

③ 中国财政科学研究院：《建立现代预算制度研究》，中国财经出版传媒集团、中国财政经济出版社2016年版，第1～11页。

④ 张维迎：《市场的逻辑》（增订版），世纪出版集团、上海人民出版社2012年版，第302～304页。

每一种财政体制框架能够实现哪些目标，或者在某段历史时期、某种社会和政治环境下更加偏爱哪一个目标，都各有其特点。中央地方关系的特点，进一步来说，并非由这些原则所决定，而是由中央和地方政府围绕这些原则和目标下的"角力"所决定的。中央和地方的财政体制，表面上是财权和事权的分配，实际上是权力的分配，而且财政权力也较大地影响到政府的行政、人事等权力的强弱。在许多情况下，政府间围绕财政权力的谈判和争夺，其背后是对权力的谈判和争夺（周飞舟、谭明智，2014）。[①]

三、财政"集权"与分权的协调

（一）财政改革本质上是一种放权

当今的治理改革，仍然没有改变过去改革的基本方向：放权。就此而言，中国改革的基本逻辑依然没有改变。只不过从经济分权，转向了更广泛的全面分权改革，这就是当今治理改革的基本内涵，即向市场分权、向社会分权和向地方分权。在国家治理框架下的向市场分权，不是否定国家的作用，回到亚当·斯密时代，而是通过进一步的经济性分权让国家与市场形成最大的发展合力。毋庸置疑，这最大合力的实现条件至今仍是不清楚的，仍需要长期的探索。中国作为单一制国家，没有政治性分权。与之对应，中国中央与地方之间的分权是行政性分权。地方内部省、市、县、乡之间的分权与中央和地方之间的分权的性质不同，地方内部的分权是一种事务性分权和管理性分权，其事权划分主要遵循效率原则和受益原则。[②]田国强等（2015）也认为，中国在从传统计划经济体制向现代市场经济体制转轨过程中，创造出持续高速经济增长的根本原因，不外是推行放开和开放的松绑放权型改革，满足了一个经济机制良好运行的四个先决条件：承认个人利益、给人们更多的经济自由、实行分散化决策、引入各类激励

---

① 周飞舟、谭明智：《当代中国的中央地方关系》，中国社会科学出版社 2014 年版，第 6 页。

② 中国财政科学研究院：《建立现代预算制度研究》，中国财经出版传媒集团、中国财政经济出版社 2016 年版，第 1~11 页。

（包括市场）机制，从而很好地解决了信息和激励的问题。当然，中国改革之所以取得如此巨大的成就，原因还包括实行对外开放融入国际社会、地方政府分权鼓励区域竞争及采用渐进改革体制平稳转型，特别是正确处理好了改革、发展与稳定的关系：稳定条件下的改革推动发展，发展让老百姓获利（放松了参与性约束条件）而促进稳定，从而创造了加大改革力度的条件，推动进一步经济发展。[①]

（二）财政分权改革体现了政府与市场、社会之间关系的优化

财政制度安排体现政府与市场、政府与社会、中央与地方关系，涉及经济、政治、文化、社会、生态文明等各个方面。党中央、国务院历来高度重视财税体制改革和财政制度建设。新中国成立以来，我国财税体制历经多次调整，大体上经历了从"统收统支"到"分灶吃饭"的包干制、再到"分税制"的沿革历程。其中，1994 年实施的分税制改革是我国财政制度建设的里程碑。分税制财政体制的建立及其后的调整完善和稳健运行，为建立现代财政制度奠定了良好基础，充分调动了地方、企业的积极性和创造性，实现了政府财力增强与经济高速增长的双赢目标，增强了中央宏观调控能力，对推动建立社会主义市场经济体制、促进对外开放、维护社会和谐稳定发挥了重要作用。[②] 财政嵌入到国家治理体系的每一个维度，从中央与地方维度来观察，集权与分权的关系是主脉，关键词是"适度"；从治理来分析，需从立体的角度整体来把握，公共利益与个人利益的关系是主脉，关键词是"包容"。[③] 马万里、李齐云（2016）认为，中国式财政分权是影响经济社会发展的重要制度安排，是实现经济社会持续健康发展与国家长治久安的体制保障。中国式财政分权属于"行政性一致同意"型分权模式，是中央政府主导的自上而下的强制性制度变迁。因此，来自顶层的政治与财政激励以及官员自身的私人激励使地方政府具有发展经济的强劲动力，而"用手投票"与"用脚投票"缺失、法治基础

---

① 田国强等：《中国经济增长：反思与展望》，上海人民出版社 2015 年版，第 2 页。
② 楼继伟：《财政改革发展若干重大问题研究》，经济科学出版社 2014 年版，第 1～2 页。
③ 中国财政科学研究院：《建立现代预算制度研究》，中国财经出版传媒集团、中国财政经济出版社 2016 年版，第 1～11 页。

薄弱、标尺竞争压力导致地方政府行为变异，对经济社会发展产生了诸多不利影响。未来的改革应从官员治理、制度设计、人民主权和监督机制四个方面着手，为经济社会持续健康发展与国家长治久安保驾护航。[①]

（三）财政改革要重点调整中央与地方政府间的财政关系

与其他国家不同，中国的公共财政体系关键在于政府间的财政关系，而另一点——公共部门的所作所为及其筹资方式都对中国的发展神奇般地不产生任何影响——反而显得不那么重要（劳伦·勃兰特、托马斯·罗斯基，2009）。[②] 因此，要合理调整中央与地方政府间的财政关系；而且，从税收上看，要合理设置税务机构，提高征税效率。王振宇、成丹（2016）认为，一般而言，联邦制国家各级政府间边界划分得十分清楚，两套税务机构的存在有利于提高效率。而我国是单一制国家，特别是现行的分税制已演化为"共税制"，政府间的财政关系已演化为"委托—代理"关系。国、地税的合并是个老命题，当下争论的焦点，一是两套税务机构是分税制的政治遗产，二是合并会带来大量富余税务人员安置问题。相对于财政管理体制的大局而言，税务机构的合并只是冰山一角。继续选择温和式的改革路径，其效果难以预想。为此，建议尽早研究两套税务机构合并方案的制度设计。[③]

四、财政改革需要统筹推进，注重发挥人的积极性

（一）财政改革要统筹推进，不应"碎片化"

只有改革价格体制，财政状况才会有根本好转（张维迎，2012）。[④]

---

① 蔡红英、魏涛：《深化财政学科建设的理论思考》，马万里、李齐云，《中国式财政分权：一个扩展的分析框架》；中国财经出版传媒集团、中国财政经济出版社 2016 年版，第 150 页。

② ［美］劳伦·勃兰特、托马斯·罗斯基编，方颖、赵扬等译：《伟大的中国经济转型》，格致出版社、上海人民出版社 2009 年版，第 362 页。

③ 蔡红英、魏涛：《深化财政学科建设的理论思考》，王振宇、成丹，《关于深化财政管理体制改革几个具体问题的考量》；中国财经出版传媒集团、中国财政经济出版社 2016 年版，第 181 页。

④ 张维迎：《市场的逻辑》（增订版），世纪出版集团、上海人民出版社 2012 年版，第 302 ~ 304 页。

同时，也要搞好社会改革，中国财政科学研究院（2016）认为，与社会改革建立社会主义市场经济体制的明确目标相比，社会改革的目标是不清晰的。改革目标的模糊导致社会改革左右摇摆，并以"碎片化"方式推进。①

（二）财政改革要注重发挥人的创造性，注重人力资本积累

科学技术作为生产力，表现在它能引起生产力三个要素的重大变化。首先，从劳动者来说，劳动力是人生产某种使用价值时运用的体力和智力的总和。体力有限，但智力却能在对文化知识、生产技能、科学技术的学习和生产经验的积累中不断增强起来，从而能有效地改造自然。其次，从生产工具来说，任何一种新工具的出现，都是科学技术发展的产物。正如马克思所说：铁路、火车头、电报等"是物化的知识力量"。其使用而带来的社会劳动生产力，"包括科学的力量"。最后，从原材料来说，新原材料、能源的发现，也离不开科学技术。如当代新型合成材料的出现而引起的劳动对象的革命，就是高分子化学发展的结果。此外，科学技术的发展，会引起管理水平的提高、工艺的改善，使人和物的因素更有效地结合起来（孙冶方，2015）。② 邹至庄（2016）也认为，当中国成为世界第一经济强国时，中国需要积累各种资源，包括物质资源和人力资源。物质资源和人力资源是从历史积累而来的。人力资源比物质资源更重要。第二次世界大战以后，德国和日本的物质资源被战争破坏，但是它们拥有大量的人力资源，不久便重建了物质资源。中国有悠久的历史，积累了充足的文化和人力资源。人力资源不仅是30多年来中国经济快速发展的重要原因，也是中国今后能成为世界第一经济强国的原因。③

---

① 中国财政科学研究院：《建立现代预算制度研究》，中国财经出版传媒集团、中国财政经济出版社 2016 年版，第 1～11 页。
② 孙冶方：《社会主义经济论稿》，商务印书馆 2015 年版，第 434～435 页。
③ ［美］邹至庄：《邹至庄解说中国经济》，中信出版集团 2017 年版，第 3～4 页。

第二节　体验观：消费自由与服务的协调

2010 年 10 月，党的十七届五中全会指出，坚持把经济结构战略性调整作为加快转变经济发展方式的主攻方向，提出加快发展服务业，促进经济增长依靠第一、第二、第三产业协同带动。2015 年，我国服务经济开启新时代，服务业占我国经济总量比重首次超过 50%。体验经济是现代服务业的高端形式，也是转变经济发展方式的重要支撑。体验经济是市场经济走向完备的标志，将成为未来的主导经济产出类型，有助于降低交易成本，深化劳动分工，提高经济效率，实现对传统服务业的改造。我国正面临依靠技术进步、结构优化、制度创新和全要素劳动生产率的不断提高来实现转变经济发展方式的关键时期，体验经济必将发挥重要作用，应抓住机遇、顺势而为。①

一、体验经济的基本内涵

2008 年，美国学者约瑟夫·派恩和詹姆斯·吉尔摩在《体验经济》中指出："体验事实上是当一个人达到情绪、体力、智力甚至是精神的某一特定水平时，意识中所产生的美好感觉；并且，当体验展示者的工作消失时，体验的价值却弥留延续。当企业有意识地以服务为舞台，以商品为依托，使消费者融入其中时，体验经济也就产生了。"② 目前对体验经济的基本概念尚无统一说法，但普遍接受的表述是：体验经济是以服务为依托，通过感觉和记忆使消费者对某种事物或现象留下深刻印象或丰富感受的经济类型。

体验经济的逻辑起点是在现代社会个性化消费环境下消费者偏向定制化的消费偏好，强调体验过程和结果同等重要，改变了传统经济活动强调

---

① 此节内容主要节选自笔者 2011 年 11 月 28 日发表于《中国经济时报》的《顺势而为发展体验经济》一文，略有改动。

② 赵放：《体验经济的本质及其成长性分析》，载于《社会科学战线》2010 年第 3 期。

以谋取物质利益为直接目的，转而强调获得美好感觉。它并非是一种新事物，而是已经存在的经济产出类型，是一种精神文化消费，是对同质化、标准化产品和服务的超越，是高端化、精细化和人性化的现代服务业，其实质是使消费者产生美好感觉。

消费者对体验经济的需求与社会经济和科技发展水平、个人收入水平和学历都密切相关。

二、转变经济发展方式需要发展体验经济

"十三五"以及今后较长时期内，扩大内需是转变经济发展方式的主题，而正确把握消费者所处时代的消费需求是前提。随着经济不断发展、人民生活水平不断提高和消费观念提升，消费者的消费需求正发生微妙变化，精神层次的个性化需求日益提高，市场应随之做出相应的调整。大力发展体验经济能够丰富转变经济发展方式的路径和方式，具有客观必然性。

（一）消费行为和价值创造源泉的变化决定了发展体验经济的必然性

从中国消费者消费轨迹的变迁看，消费者行为和价值创造源泉都在发生变化。消费者不再满足标准化、大规模生产的产品和服务，逐步产生多元化的个性需求。

按照消费结构发展变化的一般规律，人均 GDP 超过 3000 美元，恩格尔系数小于 30%，消费向个性化和多样化发展，物质消费比重下降，文化精神消费比重上升，服务性消费比重超过 40%。

当前阶段，我国居民消费需求正在由物质需求向精神需求拓展，感受、体验类的精神和心理需求持续增加，已经成为服务消费的重要组成部分。这类消费能带来幸福、愉悦的精神感受和满足、归属感和自我评价升值等心理感受，消费者愿意为这些"感受"付费，因此是有效需求。[1]

---

[1] 江小涓：《高度联通社会中的资源重组与服务业增长》，载于《经济研究》2017 年第 3 期。

随着消费需求不断提升、品质不断提高，为发展体验经济创造了良好的基础。消费者对消费品质的需求越来越高，迫切需要发展体验经济实现消费升级换代。相对于生产而言，消费也逐渐成为一个主题范畴，产品被人们从符号和意义的社会角度加以诠释，人们消费的目的也从功能性转变为情感和体验消费，拥有了更多样化的消费选择和生存方式。社会成员通过个人行为来表现自己的存在和与众不同，通过寻找某种联结，例如对消费产品的情感和爱好，以重建社会的消费结构。消费的价值不在于消费的产品或服务本身，而在于消费过程中的体验价值与意义，它成了价值创造的一种方式。随着以体验为典型特征的价值创造源泉不断增多，体验经济的发展模式将不断推陈出新。

（二）世界产业结构演进规律决定了发展体验经济的客观必然

世界经济发展历史表明，服务经济遵循从传统服务业向现代服务业演进的规律。

发达国家现代服务业的增长速度高于传统服务业，发达的现代服务业已成为发达国家制造业发展的动力源泉之一。目前，全球服务业增加值占国内生产总值比重平均为60%以上，主要发达国家一般都达到70%以上，即使是中低收入国家的平均水平也达到了43%。随着全球经济地理范围的分布和扩张，面向生产企业市场和个人消费市场的中间消费型服务业不断发展，体验经济发展的空间不断拓展。国家统计局数据显示，2015年，中国服务业增加值占GDP比重第一次突破50%，达到50.2%，贡献率也首次超过一半，从2014年的47.5%跃升至52.9%。到2016年，服务业增加值占GDP比重进一步扩大到51.6%，对国民经济增长的贡献率达58.2%。在中国服务业增加值中，交通运输、仓储和邮政业，批发和零售业以及住宿和餐饮等服务业增加值占全行业比重由2008年的15.4%提高到2015年的15.8%，升幅很小，而金融保险业、房地产业等技术含量较高的现代服务业则从2008年占比10.3%上升为2015年的14.5%；反观20世纪末的美国，其金融、保险及各种现代服务业增加值占比就已达到50%以上。现代服务业蕴含大量发展体验经济的增长点，中国亟待加快现代服务业的发展，深度挖掘价值创造源泉，为发展体验经济提供动力。

三、发展体验经济的战略定位

随着消费者收入增加、文化消费品位提升、消费观念改变和健康科学知识普及，体验经济将为现代服务业和战略性新兴产业创造新的增长点。而且随着"经济—文化—科技"一体化趋势不断加强，多样化的体验经济方式将渗透到经济的各个领域，为转变经济发展方式注入新的活力。

（一）提高民族意识，推升软实力

"中国制造国内贵于国外"反映了一种怪现象：一方面是中国亟待促进国内消费；另一方面却是国人到国外采购中国制造的便宜商品。同时，还有"崇洋"的另一种现象：一件中国贴牌生产的商品，挂上洋品牌后，国内销售价格飙升。耐克、阿迪达斯、哈根达斯等国外品牌在母国其实是价格不高的普通商品，在中国却备受消费者青睐，价格畸高。除了品牌力量和流通环节因素外，消费者对洋品牌的崇拜和追捧是价格畸高的重要推动因素。启动内需和扩大消费，除了增加居民可支配收入外，还需要国民反思消费偏好，提升民族意识，爱惜、呵护民族品牌。一个国家和地区的综合国力，除了经济、军事、政治等硬实力外，还要有强烈的民族意识及文化、文明和管理能力等软实力。民族意识是文化的核心，提倡、提升民族意识，传承、发扬悠久文化，是提升一个国家和地区软实力的重要保障。中国要将文明古国五千多年的灿烂文化发扬光大，并不意味着故步自封，还需要兼收并蓄，借鉴人类文明的优秀成果来提升软实力。体验经济蕴含着很多能够激扬民族意识和厚重文化的新兴产业，能够指引转变经济发展方式的方向，需要被政府高度重视和引导。

（二）创新教育制度，大力发展现代服务业和战略性新兴产业

发展现代服务业和战略性新兴产业能够创造更多的价值源泉，二者都是新的经济增长点和转变经济发展方式的立足点。从现代服务业和战略性新兴产业中寻找新的价值源泉需要创新精神，饱含创新精神和力量

的创新型人力资本积累则需要高度发达和完善的教育体系。因此发展现代服务业和战略性新兴产业中的体验经济，加速发展教育是前提，创新教育制度是关键。一是完善学前和义务教育制度，让基础教育成为公共品，培养下一代的动手能力、适应能力和创新意识；二是对民间开放教育市场，让基础教育之外的其他教育向社会组织和市场力量开放，吸引大量民间投资，形成有序竞争的格局；三是建设现代大学制度，逐步放开高等教育，让大学有独立的办学空间，积淀学术至上、追求卓越的大学精神。

（三）加快精神消费升级，转变文化发展方式

成熟的市场经济既需要殷实的物质消费，又需要丰富的精神消费和繁荣的文化大发展。发展体验经济应以提升精神消费需求层次为目标，以物质消费为载体，以文化发展作支撑。必须做好以下三点工作：一是理解、引导、监管精神消费。从产业转型升级角度看，产业结构优化的方向必将是"三、二、一"的格局。创新现代服务业和发展战略性新兴产业是产业转型升级的重点，蕴含于其中的体验经济将是第三产业的重要支柱。产业结构优化需要以物质消费为动力，更需要以精神消费为指引。从长远看，相比物质消费，精神消费更应受到重视。因此，应通过深化理解、逐步引导、加强监管让精神消费逐渐走上健康发展的轨道。二是实现文化大繁荣、大发展。目前，广义的文化创意产业是满足精神和心理消费需求的产品和服务，是体验经济的重要组成部分。随着主题公园、网络游戏等各类产品和服务中的精神和心理需求迅速增加，应支持新型文化产品和业态迅猛发展，重视品牌、体验环境、文化遗产、旅游探险在体验经济价值创造中发挥的作用。同时，应重视弘扬民族精神和发扬民族文化。三是坚持文化权益均等化原则，实现文化发展成果全民共享。文化具有导向、激励、规范的重要社会功能，发展文化应该以人为本，尊重文化发展规律。同时，也应发挥市场机制的积极作用，正确处理政府与市场的关系，推动形成统一开放、竞争有序的文化市场秩序。转变文化发展方式的根本目的是让广大群众共建和共享社会主义文化成果。因此，应尊重群众主体地位，尊重群众创新精神，推动公益性文化事业和经营性文化

产业协调发展。

第三节 "大国财政观": 国家治理现代化与全球经济治理相协调

党的十八届三中全会启动了国家新一轮的全面改革，标志着中国改革进入了一个全新的历史时期。一方面，改革从重点以经济改革为重心转到全面改革。过去 30 多年的改革更多的是以经济建设为中心，同时也推进各项配套制度改革，现在是"五位一体"的全面改革和建设。另一方面，新一轮全面改革更多的是着眼于国家治理体系和治理能力的现代化，即构建现代化的大国治理框架。作为"国家治理的基础和重要支柱"，财政和财政制度应在大国治理框架构建中发挥应有的"大国财政"作用。

一、全球经济治理面临的挑战

（一）世界经济格局将继续演变

世界经济旧的格局尚未完全瓦解、新的格局正在逐步形成，世界经济将在较长时期内继续面临增长动力不足、增速不高、经济周期缩短的局面。全球技术进步在过去几十年持续显著放缓，且人口增速下行和人口老龄化进程加快，发达国家劳动力市场出现拐点，有效劳动力供给减少，这些因素共同决定了全球短期内很难找到新增长动力并快速改变现有经济"版图"；同时，发展中国家与发达国家经济增速差距缩小，发展中国家将继续保持较快增长但占比将变小；发达国家有望重新挑起世界经济增长的"大梁"，但难返 2008 年国际金融危机前的高速增长水平。

（二）经济增长乏术、收入分配不平等

国际贸易仍未从危机中复苏，难以起到优化配置全球资源的作用，全

球总需求不足降低了国际贸易手段的政策效应；主要经济体难推出政策新招，货币政策边际效应显著递减，财政政策效果不够明显，结构改革难以短期见效。因此，除中国、美国、印度等国外，主要经济体经济将保持中低速增长，新兴经济体潜在增长率下降，实际经济增长率明显低于潜在增长率。同时，包括美国在内的一些国家收入分配不平等现象正在加剧，是引发深度关注的重要课题。

（三）全球流动性仍将宽松

虽然美国逐步回归货币政策正常化轨道，资本回流美国加速、增多，但全球流动性仍将保持较长时间的相对宽松，原因是日本和欧元区将继续加大量化宽松货币政策（QE）力度，且新兴经济体也将在通缩压力下继续宽松货币政策，向市场释放流动性，降低融资成本，减轻经济运行负担。

（四）制约增长风险依然较大

其一，美国加息将使国际资本从新兴市场流出，造成新兴市场乃至全球金融市场波动。2014 年 10 月，美国宣布退出 QE 政策已导致国际资本回流美国，随着美联储自 2015 年底开始逐步加息，国际游资将继续从新兴市场撤出，这或将给国内资本市场尚不发达的新兴经济体造成巨大压力，进而传导至全球金融市场。其二，地缘政治对世界经济的影响仍需引起高度重视。中东变局、朝鲜半岛核危机等地区性风险点都将对区域经济乃至世界经济造成负面影响。同时，部分地区军事冲突和政治变局对世界经济的拖累也不容小觑。其三，新兴经济体结构改革效应难以持续。过去十多年，很多发展中国家和新兴经济体通过结构改革和对外开放，吸引对外直接投资、技术和管理经验，使自身经济获得较快发展，但是改革的边际效应正在下降甚至消失，未来的改革红利难以继续凸显。其四，全球性公共事件和自然灾害的消极影响正在加大。天气恶劣造成的各种自然灾害也或将拖累世界经济。

二、中国现代财政制度建设应体现"大国财政"观

（一）对"大国财政"的理解：学术界的几个主流观点

一是对大国财政进行定性，并强调大国财政体系构建。楼继伟（2014）指出，中国财政是大国财政，加强对重大问题及政策研究，是财政当前和今后面临的艰巨任务所要求的。财政决定公共资源如何配置及配置机制，因此，不管是财政部第一牵头的任务，共同牵头的任务，还是其他部门牵头、财政部参加的任务，财政的位置都非常重要。我们要立足于财政，不是立足于算财政小账，要考虑长远和防范风险，重在建机制，为国家长治久安和可持续发展服务，为实现这样的目标要有担当。① 除此之外，楼继伟（2014）还指出，要建立完整、规范、透明、高效的现代政府预算管理制度；建设有利于科学发展、社会公平、市场统一的税收制度体系；健全中央和地方财力与事权相匹配的财政体制。②

二是强调大国财政理念。刘尚希、李成威（2016）指出，"大国财政"这个概念的提出是蕴含于时代背景之中的，而"大国财政"的理念与大国财政的时代背景相互关联：一是国家发展"新战略"与和平崛起的理念；二是国际环境"新平庸"与全球风险治理的理念；三是大国治理"新思维"与一盘棋的整体观。③ 同时，刘尚希等（2016）还指出，大国财政是建立在大国实力基础上的，通过参与全球资源配置、承担全球风险治理责任，实现全球利益分配，进而化解全球公共风险，引领人类文明进程。财政的本质是以国家为主体的分配关系，大国财政的本质是以大国为主体的全球利益分配关系。④ 邓力平（2016）指出，大国财政是中国特色社会主义大国财政，是"中国特色社会主义财政"与"大国担当"的

---

① 楼继伟：《做好财政政策研究是大国财政需要》，载于《财政文学》2014 年第 9 期。
② 楼继伟：《深化财税体制改革　建立现代财政制度》，载于《预算管理与会计》2014 年第 12 期。
③ 刘尚希、李成威：《大国财政：理念、实力和路径》，载于《地方财政研究》2016 年第 1 期。
④ 刘尚希等：《大国财政》，人民出版社 2016 年版，第 31 页。

结合。[①]

三是强调大国财政的定位和思维。卢洪友（2016）表示，大国是一个历史范畴。作为一个大国，不仅要具有硬实力，还要具有软实力。大国财政是大国治理的基础，是与大国地位相辅相成、相匹配的财政。强调的是大国财政定位。[②] 白彦锋（2016）指出，当前，中国作为全球第二大经济体，在综合实力上已经成为一个大国。相应地，中国的税收、预算等政策就是大国财政。[③]

何代欣（2016）认为，中国财政转型的总体方向应致力于构建大国财政的承载力与稳定性，致力于推进继承改革开放魄力的财税新改革，致力于将财政政策经验打造成中国发展的一般性规律。[④]

（二）"大国财政"内涵

1. 何谓大国

关于大国是什么？从不同角度出发有很多评价指标，其中衡量指标（结果指标居多）：其一是硬指标，包括国土面积、人口规模、经济规模（增长速度、外贸总额、外汇储备）、自然资源储量等；其二是其他指标，包括政治、军事、文化和制度。同时，可从以下几个方面评价大国经济的特征（统一开放竞争有序的市场环境）：国内需求、要素禀赋、产业部门、区域经济、经济结构、经济制度。

2. 何谓大国财政

（1）职能作用强。财政在政府管理、经济管理中的地位，主要体现在制定财政政策、管理预算和税收，并对国民经济中的更多、更广领域发挥重要作用。各国财政部都在本国政府管理中处于重要地位，绝大部分在经济管理中居于核心位置。除了负责制定财政政策、管理预算和税收外（其中，美国预算编制职能在总统预算办公室），各国财政部都在很宽泛的经

---

① 邓力平：《大国财政理念与实践的再认识》，载于《地方财政研究》2016年第1期。
② 卢洪友：《中国的大国财政定位及建设之路》，载于《地方财政研究》2016年第1期。
③ 白彦锋、吴粤：《推进大国财政建设　加强我国财政监督》，载于《湖南财政经济学院学报》2016年第2期。
④ 何代欣：《大国财政转型轨迹及其总体框架》，载于《改革》2016年第8期。

济管理领域发挥着重要作用。以美国财政部为例，还参与预测并制定主要的经济政策，负责监督国家银行和储蓄机构运作等其他宏观经济事务。美国财政部成立于1789年，隶属于美国联邦政府，是联邦政府的一个内阁部门。其主要任务是处理美国联邦层面的财政事务、税收事务、债务发行和管理，制定经济、财政和税收方面的政策，进行国际财务方面的交易。财政部长在总统内阁官员中居于第二位，同时，财政部长也是国际货币基金组织、亚洲开发银行等国际组织的美国首脑。除部长外，财政部内还设有副部长、在各个领域负责的部长特别助理、总顾问、行政计划司、预算司、印刷司、铸币局等多个部门。美国财政部的主要职能包括：①制定经济、财政、税制和国库收入相关的政策建议；②货币发行、政府债券发行、税收征管、国库管理、政府经费的筹集管理、烟草专卖和麻醉药品进出口管理；③为总统、副总统及其家属提供保镖的特工局管理（贾康、王桂娟等，2016）。①

德国财政部拟定货币、金融政策，协调联邦和州的金融、货币、信贷政策，维持货物平稳流通、打击有组织的犯罪、负责国际合作与交流；英国财政部负责广泛的经济发展战略，制定和监督执行经济发展计划，设计国债、货币和银行的各项措施；法国财政部负责全国经济事务，对国有企业进行监督；日本财务省负责监督国家各级金融机构、制定对外汇兑政策；俄罗斯财政部负责保险、外汇、银行、信贷、金融市场政策制定和法律法规起草；印度财政部负责经济事务管理，包括外汇、投资政策、提供经济发展建议、维持外汇稳定和打击走私以及保险和银行事务管理；巴西财政部管理信贷、金融机构、储蓄、物价、监测经济运行、提供经济改革建议。

（2）资源配置能力强。一国财政之所以能称为大国财政，一方面，该国财政管理必须体现现代化管理理念和手段，集中体现为预算公开透明、程序合法、合理；在收支集中体现为收支规模大、中央财政收支占比重较高、公共服务支出结构中央财政占比重较大（尤其是中央社保支出和一般公共服务支出占比重较大）。另一方面，大国财政资源配置能力强，还体

---

① 贾康、王桂娟等：《财政制度国际比较》，立信会计出版社2016年版，第28~29页。

现在对外部市场影响较大的外溢性。

（3）法治化程度高。现代治理的本质是法治。提高财政运行的法制化水平，首先要加强财政立法。要结合国家经济社会的发展情况，逐步制定效力层级较高的立法，对中央与地方关系、财政支出、财政收入、财政管理等问题进行全方位的规制。尤其要注重对财政权力的合力配置和规制，也包括政府及其所属各部门就财政事项所享有的决策权、执行权和监督权等，其中，重点是要加强权力机关在财政运行中的决策和监督作用。要注重完善对财政违法行为的救济。"徒法不足以自行"，财政活动必须以相应的立法、行政乃至司法方面的救济机制为基础（刘尚希等，2016）。① 依法行政是建设法治政府的核心，也是现代政治文明的重要标志。财政管理必须依照财政法律法规和相关管理规定来进行，这是财政管理的一项基本原则（谢旭人，2011）。② 按照 2012 年美国律师协会、国际律师协会等机构对全世界 97 个国家的 WJP（the World Justice Project）调查研究数据，在 12 个大国中，除"金砖国家"外，其他大国政府管理的法治化程度都较高。

三、"大国财政"视角下现代财政制度建设

（一）准确定位，服务国家利益

大国财政兼具国家性和全球性，既是全球化时代大国治理的基础，又是大国有效参与全球公共治理的重要手段。从某种程度上说，大国财政是联通国家治理与全球治理的工具和桥梁。全面关注和实际参与全球公共风险防范与治理，是大国财政应有的重要职责，有助于推动人类文明的发展（刘尚希等，2016）。③ 但是，归根结底，大国财政最终还是以服务国家利益，促进社会和谐发展与本国人民的自由全面发展为根本宗旨。其一，大国财政建设要有利于我国深度参与全球宏观经济政策协调；其二，大国财

---

① 刘尚希等：《大国财政》，人民出版社 2016 年版，第 203 页。
② 谢旭人：《中国财政管理》，中国财政经济出版社 2011 年版，第 41 页。
③ 刘尚希等：《大国财政》，人民出版社 2016 年版，第 215 页。

政建设要有利于我国参与并引领全球规则制定、全球资源配置，提供全球公共产品，防范全球公共风险；其三，大国财政建设要有利于我国积极推动创新高科技、信息技术与商业模式，深度参与全球分工，并参与、引领全球创新潮流。

（二）统筹内外，合理配置资源

当前中国资源配置存在的一系列"缺位"与"错位"问题，是由多方面、多层次的原因造成的。（1）从历史的角度看，是我国长期实行计划经济体制的惯性遗存。一方面，由于历史惯性，市场力量较弱，政府习惯于行政干预；另一方面，市场在资源配置中的地位猝然提高，而政府却缺乏相应的监管经验。因此，我国现阶段的政府和市场功能都是有待完善的。（2）从政府以往的激励机制来看，GDP 在政绩考核中占据很大的比重，由此形成的思维与行为仍有后续影响。我国长期采用非均衡增长模式，需要一定的速度来维持自我循环系统，产生了高增长依赖，集中体现为注重 GDP 的政绩考核体系，而投资正是"三驾马车"中最为立竿见影的调控领域，从而导致政府在产业投资角色上屡屡"越位"。（3）从法制规范来看，我国现有法律缺少对政府配置资源边界的准确定位。当前，政府和市场在资源配置中的职能，很大程度上来源于经济实践，由于缺乏相关法律的硬性规定，致使两者在职能划分上一直呈现此消彼长、摇摆不定的现象，表现在财政领域则是政府整体财政责权越位与缺位并存的弊端难以得到彻底克服（冯秀华、齐守印等，2017）。[①]

要改变中国资源配置效率不高的问题，需要中国统筹内外，充分发挥市场机制的决定性作用，同时更好地发挥政府作用。随着市场经济转型的不断深入，政府需要将财政开支重点转向提供公共产品和服务，促进社会公平和解决市场失灵问题。在未来 10～15 年，中国应逐渐增加教育财政开支。在保持财政可持续性的同时，政府在公共住房、社会保障、对贫困家庭和落后地区的转移支付、环境保护以及基础科技研究方面的支出同样也应增加。政府应继续对基础设施进行投资，同时，在这些项目中可吸收

---

① 冯秀华、齐守印等：《构建现代财政制度若干问题研究》，中国财经出版传媒集团、中国财政经济出版社 2017 年版，第 20～21 页。

私人部门参与，并鼓励尝试公私合作模式（庄巨忠、保罗·范登宝、黄益平，2016）。①

（三）深化改革，建设强国财政

1. 按照现代社会发展趋势要求构建现代预算体系

从预算角度看现代财政制度的本质，包括以下几个方面：第一，它是一个关于未来政府支出的计划，而不是事后的报账。第二，它是一个统一的计划，包括政府所有部门的开支。第三，它是一个详尽的计划，要列举所有项目的开支，并对它们进行分类。第四，对计划中的每项开支都要说明其理由，以便对开支的轻重缓急加以区别。第五，这个计划必须对政府的行为有约束力：没有列支项目不能开销，列支的钱不得挪作他用。第六，这个计划必须得到权力机构（议会）的批准，并接受其监督。第七，为了便于民众监督，预算内容和预算过程必须透明（王绍光，2014）。② 马骏、刘亚平（2010）认为，美国进步时代的政治家们最终实现了美国预算民主从地方到联邦的全面推进，从而使公共预算成为各种利益集团的政治领域寻求自身利益的有效工具。进步时代的改革者用公共预算来组织政府，不仅改变了行政当局的行为，而且加强了政府与民众的联系。公共预算改革使政府成为负责任的、代表人民利益的政府，从而在根本上重塑了美国各级政府，促进了美国社会的整体繁荣。③

2. 进一步调整中央与地方政府间财政关系，调动两个积极性

要进一步调动中央与地方两个积极性，应逐步以稳定的、更高级次的法律制度和制度体系进一步调整两者关系。中央政府应重点提供外部性大、受益范围广的基本公共服务，地方政府则重点供给由地方提供信息处理成本更低、行政成本更低的公共产品和服务。进一步理顺中央与地方财

---

① 庄巨忠、保罗·范登宝、黄益平主编，张成智等译：《中国的中等收入转型》，社会科学文献出版社 2016 年版，第 74 页。

② 王绍光：《透过美国进步时代看当下中国现代财政制度的建立》，载于《中国财经报》2014 年 7 月 14 日。

③ 马骏、刘亚平：《美国进步时代的政府改革及其对中国的启示》，格致出版社、上海人民出版社 2010 年版，第 8 页。

政关系，可以遵循以下几个原则：

第一，外部性大小和受益范围。外部性大和受益范围广的领域，比如食品安全、环境安全、资源安全、养老、教育等方面，可能通过统筹全国财力、集中事权更有效率。比如，从"种子到餐桌"的整个供应链，涉及检验、检测、评估以及物流配送体系，如果不实行统筹，可能会由于地方利益而形成地方保护主义，降低食品安全门槛，导致三聚氰胺等类似食品安全事件，影响人民健康。与其类似，其他领域外部性也非常大、受益（受损）范围也非常广，也需要将事权集中到中央，并安排与之匹配的财力，这样会有利于提高公共管理效率和实现基本公共服务均等化。

第二，减少行政成本，提高上下协调效率。中央与地方事权的有效划分，根本上是为了提高公共财政支出效率和公共管理效率。对于一些公共产品和服务，由于地方"近水楼台先得月"，较中央更具信息优势，更能了解重点领域和优先顺序，因此由地方政府承担相应的支出责任，应该更能减少行政成本，提高与中央政府的协调效率。

第三，注重激励相容，减少改革阻力。截至目前，很难找到改革不触动一部分人利益的领域。因此，要推动改革前进，与其说是要有改革的勇气，倒不如说要有敢于牺牲个体利益换取整体利益提高的气魄。同时，也要研究激励相容的可行性。制度设计必须是激励相容的，即中央与地方既能保证自己的利益，也能最终达到整体利益最大化。

贾康、王桂娟等（2016）认为，美国的政府间的财政关系构建主要包括以下几点：第一，突出联邦政府的权力和作用。第二，在分权的基础上进行制衡。第三，在联邦制度下，联邦和州两级政府都必须直接针对个人行使权力。这些考虑最终都体现在美国的宪法中，并且成为美国构建政府间的财政关系的指导性原则。美国政府组织形式是一种典型的联邦制形式，州政府和联邦政府之间形成了一种合作关系，而非通常一样的上下级的关系。州政府与联邦政府之间是一种平等的关系，宪法没有要求州政府服从联邦政府。只有当州法律或宪法与联邦法律或宪法发生矛盾时，才要求州法律或宪法服从联邦法律或宪法。从这个意义上说，州政府是联邦体制中的最基本元素。与联邦政府和州政府之间的关系不同，美国各州的州政府与地方政府之间是上下级关系，这种关系存在很多变化的形式。[①]

3. 提升国际财经协调与合作，平衡国家利益与全球利益

在全球化大趋势以及风险全球化、系统化情况下，世界各国加强国际财经协调与合作显得更为迫切和重要。一是要拓展国际财经协调与合作的范围和深度；二是要优化国际财经协调与合作机制和方式。[②] 从现代财政制度构建角度看，其中国际税收问题就是一个非常重要的需要加强的领域。国际税收问题的产生源于开放经济条件下由于纳税人的经济活动扩大到境外导致的国与国之间的税收法规存在的差异或相互冲突。如商品或服务的跨境贸易、跨国公司的跨境加工制造、个人或投资基金的跨境投资以及经常在居住国之外工作或开展经营的个人，都会产生国际税收问题。无论是国际的重复征税还是重复不征税，都会影响跨境经济活动的顺利开展，因此通过协调与合作解决国际税收问题成为一种共同的需求。国际税收的本质是研究国家之间对跨国税源的分配与协调。比较明确的国际税收规则提出于 20 世纪 20 年代，经过近一个世纪的发展，形成了较为系统的国际税收体系。[③] 中国要不断增强在国际税收以及国际财经领域的话语权，逐渐成为规则制定者，协调、平衡国家利益与全球利益的关系。

第四节 以"权利、机会与能力"为切入点建设现代财政制度

2015 年 10 月，党的十八届五中全会提出，"坚持共享发展，必须坚持发展为了人民、发展依靠人民、发展成果由人民共享，做出更有效的制度安排。增加公共服务供给，从解决人民最关心、最直接、最现实的利益问题入手，提高公共服务共建能力和共享水平"。具体而言，今后要围绕以下几个方面开展工作：实施脱贫攻坚工程、提高教育质量、促进就业创业、缩小收入差距、建立更加公平、可持续的社会保障制度、推进健康中

---

① 贾康、王桂娟等：《财政制度国际比较》，立信会计出版社 2016 年版，第 25~26 页。

② 刘尚希等：《大国财政》，人民出版社 2016 年版，第 121~125 页。

③ 杨志清、何杨：《国际税收理论与实务》，中国税务出版社 2016 年版，第 1 页。

国建设、促进人口均衡发展等。全面贯彻落实五中全会精神，完善基本公共服务体系，是落实"共享发展"理念的实际行动，也是经济社会发展到一定阶段的客观要求，更是促进人的自由全面发展的根本要求。同时，建设现代财政制度、完善基本公共服务体系，既包括人、财、物等硬件供给，也包括制度设计等软件供给。①

一、促进人的自由全面发展是建设现代财政制度的题中应有之意

在现代财政制度框架下，加强基本公共服务是内在要求。加强基本公共服务旨在保护人民最基本的生存权和发展权，让人民共享发展成果；同时，一定要在敬畏集体规则和尊重他人利益的前提下，发挥个体主观能动性、实现自由全面发展。

促进人的自由全面发展符合"共享发展"理念。坚持"共享发展"理念的核心是坚持以人为本，把人民的利益作为一切工作的出发点和落脚点，不断满足人民日益增长的物质和精神需求，促进人的自由全面发展。建设现代财政制度、完善基本公共服务体系的首要目标应是满足促进人的自由全面发展的基本要求，保护人民最基本的生存权和发展权，营造良好的生存和发展环境。基本公共服务不能提供有效的公共空间，不能让公众在互动中创造价值，就不能实现创新发展，也就不会有人的自由全面发展，也不能促进经济社会和谐发展。因此，要从教育、社保、卫生、环保、就业等方面统筹推进基本公共服务均等化，让全民普遍、公平地分享经济社会发展成果，进而促进经济发展成果持续、有效地转化为人的自由全面发展的保障。

促进人的自由全面发展不是无约束的自由发展。人的自由全面发展必须在遵守法律法规、遵循社会核心价值观和恪守基本道德良知等条件下，保持个性独立、自由，进而实现个人价值并使满足感和幸福感最大化。在现代文明社会里，我们必须尊重个人的世界观、人生观和价值观，但绝不

---

① 本节内容主要节选自笔者 2015 年发表于《中国党政干部论坛》第 12 期的《完善基本公共服务体系促进人的全面自由发展》一文，略有改动。

能让"民粹主义"泛滥，提出超越经济社会发展阶段并盲目要求提高基本公共服务水平和标准的不现实想法。而且，一方面，人的自由全面发展必须与经济发展保持和谐，才能相得益彰；另一方面，人的自由全面发展还应与自然、生态环境保持和谐，才可能持续。否则，将是"一损俱损"。因此，促进人的自由全面发展不是孤立的，而应站在经济、政治、文化、社会、生态等多维角度全面系统地思考和处理问题。不受任何约束地自由发展不是真正的自由发展，而是脱离基本公共服务供给能力和范围的不合理想法。

二、促进人的自由全面发展对现代财政制度的要求："权利、机会与能力"视角

随着经济社会发展、思想观念变化，人们更期待实现自由全面发展，集中体现在对权利公平、机会同等和能力增强的要求上，对基本公共服务质量和水平提出了更高要求。完善基本公共服务体系应找到新思路，兼顾整体需求与个体需求，尤其是满足个体的异质性需求。然而，我们过去更多地强调整体供给、集中"兜售"，较少兼顾个性需求。因此，未来应紧紧围绕保障人民享有公平权利、获得同等机会和加强能力建设等方面完善"三位一体"的基本公共服务体系，并加强现代财政制度建设。

（一）享有公平权利

在现代社会中，公民真正共享经济社会发展成果并实现自由全面发展的前提是享有公平的政治地位、社会地位等各种公平权利，否则共享基本公共服务根本无从谈起。权利不能公平共享，将导致社会流动性变差，社会阶层固化，社会竞争机制对社会进步的推动作用弱化。比如，中国未来将推出高效、包容、可持续的新型城镇化战略，农村富余人口（家庭）将进入城市，并成为新型城镇化进而促进经济增长的重要推动力。如果不能通过共享公平权利改善就业、教育、社保、医疗、卫生等方面的环境和状态，农民工就不能有效地转移就业，也就不能真正实现市民化，新型城镇化将难以获得丰富的劳动力资源。因此，首先，要让农民工享有公平权

利，享有均等的公共服务和公共消费基础设施，而不是在短期内刻意追求户籍制度改革，特别是对特大城市而言，难度较大。其次，要保护农民工合法的土地权益，消除农民工市民化的后顾之忧，而并不仅仅是简单的土地维权。相应地，一方面，要确保农民工参与城市社会事务管理的权利；另一方面，要从产权制度设计上确保"同地同权同价"，并构建城乡统一的建设用地市场。为此，要完善相应的法律法规和制度，这也是完善基本公共服务体系的重要内容。

（二）赋予同等机会

在一个公平的社会中，赋予公民同等机会是形成"人尽其才"和谐社会氛围的前提条件。必须强调的是，"同等机会"是指"机会公平"，而非"结果平等"。"结果平等"意味着没有做到奖勤罚懒，结果完全相同将使人们失去竞争动力、整个社会失去竞争活力。"机会同等"意味着形成在起点上机会同等、在结果上有一定差别的格局。建设现代财政制度和完善基本公共服务体系就应赋予市场主体和社会组织更多的同等机会，从而使身处其中的个人能获得自由全面发展。比如，当前备受诟病的"看病难""看病贵"问题，依然是医疗体制改革不到位的集中体现，类似问题在教育等领域也存在。政府如不退出一般竞争性领域，逐渐放开相应领域，赋予其他市场主体和社会组织同等机会，并让它们公平竞争，这些问题仍将长期存在。同样的，由于消费需求升级，广大人民希望通过接受良好教育提高自身素质、增强发展能力、改善生活质量，但我国城乡、区域教育发展还不平衡，老、少、边、穷地区教育滞后状况没有改变，教育资源的区域、城乡、校际差距将长期存在，亟待通过健全家庭经济困难学生资助体系，提升信息化手段，逐渐缓解教育资源不平衡问题，促进教育资源公平配置。建设现代财政制度和完善基本公共服务体系，应赋予全民教育、卫生、医疗、社保、就业等方面的同等机会，并让他们在公平的起跑线上竞争，这将激发更多社会活力和市场活力。

（三）加强能力建设

对每一个公民而言，首要的基本可行能力直接表现为身心健康、知识丰富。因此，实现自由全面发展的基本前提是提高基本生存、学习和获利能力。只有各种能力提高了，生活和就业信心增强了，自由全面发展最终才能变为现实。其中，身心健康和教育良好是最核心的基本可行能力。否则，即使享有公平权利和同等机会，也没有能力真正实现自由全面发展。从健康角度看，健康是自由全面发展的基础，健康公平是社会主义的本质要求，也是由卫生、环保事业的公益性决定的。当然，教育、就业等方面也是基本可行能力的重要内容，确保教育公平、做到"学有所教"是根本保障之一，同时也应在改善就业条件、提高就业能力上树立底线思维，保障基本的生存和工作能力。保障各种基本可行能力，是最具可见性和可衡量性的基本公共产品和服务，显然也是建设现代财政制度和完善基本公共服务体系的重要内容。

三、建设现代财政制度、完善基本公共服务体系应处理好两对关系、建立健全两个机制

推进落实共享发展成果，促进人的自由全面发展，建设现代财政制度和完善基本公共服务体系，应处理好两对关系、建立健全两个机制：一是处理好财政直接支持与引导市场、社会参与的关系；二是处理好中央与地方的关系，合理划分政府间基本公共服务事权和支出责任，充分发挥中央和地方两个积极性；同时，着力创新保障基本公共服务的体制机制，充分发挥参与主体提供基本公共服务的作用，从"权利、机会、能力"三位一体角度建设现代财政制度和完善基本公共服务体系，促进人的自由全面发展。

（一）继续厘清政府、市场与社会的关系，完善供给主体多元化的混合动力机制

长期以来，受计划经济体制和观念影响，基本公共服务供给主要由政府大包大揽。随着我国经济发展水平不断提高、人民观念不断转变，过去供给主体单一造成基本公共服务供给效率和水平低下的局面已不可持续。如果继续延续过去财政"单打一"的模式，财政支出将不断膨胀，财政风

险将不断累积。诚然，财政是现代国家治理的物质基础、体制保障、政策工具和监管手段，对完善基本公共服务体系担负重要职责。然而，市场和社会也不能置身事外，只有发挥各种参与主体的优势和积极性，才能提高基本公共服务供给效率，但这并不等于政府撒手不管，政府不仅不能撒开而应继续加强应尽职责。从政府、市场和社会三者对提供基本公共服务、完善基本公共服务体系的角色和作用看，政府是理所当然的主体，但应分清政府供给和直接生产的关系，并非所有公共服务都要由政府直接生产并供给，有些可由市场生产，再通过政府购买方式提供给公众，比如采用政府与社会资本合作（PPP）模式，就是让政府与市场、社会有效分担风险和收益，通过提高基本公共服务供给效率，实现政府、市场和社会以及公众收益最大化。从市场角度看，市场应充分发挥价格、信息等市场手段配置资源机制优势，生产高质量的基本公共产品和服务，再由政府购买后提供给公众。从社会角度看，非政府组织、行业协会等社会组织也可以利用信息充分、组织成本低等优势，提供基本公共服务，当然政府应给予政策优惠、财政补贴等支持。政府应更多地设计制度并从财力上保障公平权利、同等机会，市场和社会则从加强能力建设上发挥更多作用。通过进一步厘清三者关系并完善三者有效互动的混合动力机制，将极大地有利于营造一个为他人着想，进而实现自我价值的互利共赢的社会氛围和市场竞争环境。

（二）继续划清中央与地方事权和支出责任，完善上下互动的激励相容机制

总体而言，应按照外部性、信息复杂性、激励相容等基本原则划分中央与地方事权和支出责任。国家安全、外交关系、全国统一市场规则和管理等事权应作为中央事权，区域性基本公共服务应作为地方事权，部分社保、跨区域重大项目建设维护等方面应作为中央与地方共同事权。长期以来，我们对食品安全监管事权划分较为模糊，更多地属于中央与地方共同事权，导致地方保护主义，并出现很多食品安全事故。今后，应更加明确地将食品安全监管的事权划归中央，并组建负责食品安全监管的中央执法队伍，实行全国统一执法。因此，为进一步厘清中央与地方事权关系与支

出责任、完善上下互动的激励相容机制，应努力做好以下工作：一是进一步完善财政保障机制，进一步提高财政保障能力、完善各级政府基本公共服务事权和支出责任划分、完善转移支付制度以及提高基本公共服务财政资金使用绩效。比如，为了让农民工融入城市，并共享同等权利，在转移支付制度中的"因素法"上，可考虑将过去测算户籍人口数为依据变为以城市实际承接人口数为依据，调动地方吸引农民工积极性，将相应的财政资金更多地用于为农民工提供基本公共服务。二是完善上下互动的激励相容机制，提高上下协调效率。科学合理地划分中央与地方事权和支出责任，将从根本上提高公共财政支出效率和公共管理效率。对地方掌握信息比中央更充分的事权，应划归地方政府并由地方政府承担相应支出责任，给予地方更多自主权，这样可能既能减少行政成本，也能提高地方与中央的协调效率，调动两个积极性。三是摸清基本公共服务的重点领域与优先顺序，有效平衡普惠服务与精准发力的关系。过去一直存在财政资金使用效率低下问题，部分领域出现供给过剩与供给不足共存现象。因此，今后既要统筹兼顾，也要突出重点，这意味着在完善基本公共服务体系时，既要让"阳光雨露"普惠全民，也要适当集中财力，更加注重兼顾个性需求，对突出问题"号准脉"并精准发力。

第 六 章

促进社会和谐发展与人的自由全面发展的现代财政制度建设的配套改革

制度构建是一项系统工程，兼顾政策目标越多，难度越大。制定全盘改革的方案无论是在理论上还是在实践上都难以做到。经济改革是一个快速发展的动态过程，无论是政府还是经济研究机构都很难准确地识别在经济体制中的扭曲，也很难有效地纠正这些扭曲。往往在改正一些扭曲的同时又加大了另一些扭曲（徐滇庆、李昕，2011）。① 因此，瞄准重要政策目标，设计科学合理的制度体系非常关键。在新形势下，建设现代财政制度的最重要目标是在确保经济强劲、可持续、平衡和包容增长的基础上，促进社会和谐发展与人的自由全面发展。因此，要创新改革思维，加强相关配套制度改革，为建设现代财政制度提供重要保障和支撑体系。

第一节　构建风险应对机制为建设现代
财政制度提供重要保障

中长期来看，要应对政府职能转变不顺、地方政府盲目转型升级、企业止步于创新等风险。短期风险而言，应重点加强金融和财政领域监管，

---

① 徐滇庆、李昕：《看懂中国贫富差距》，机械工业出版社 2011 年版，第 314～317 页。

杜绝系统性风险。尽管有不少学者对中国经济近期出现的矛盾和困难表示担忧，但是我们仍应立足当前、放眼长远，更多地思考制约经济转型的观念和制度因素，只有找到中长期风险源才算真正发现了风险的"穴位"。本书认为，政府职能转变不顺、地方政府盲目转型升级、企业止步于创新等风险是重点。应"风物长宜放眼量"，以中长期风险为根本，扎实推动关键领域改革，为深化全面改革设计基本制度，同时警惕改革过程中的小概率事件。对中长期风险而言，要采用"润物细无声"的战略和方法，不可盲目冒进，重点应是实现经济转型。未来，化解短期风险要警惕"黑天鹅"事件，防范中长期风险要"步步为营"。①

一、短期内，正确认识和冷静应对经济下行压力

由于受多重外部因素拖累，加上主动调整和国内部分红利逐渐消失，未来较长时期内中国经济将保持中速运行。但是，这并不意味着中国经济将出现"硬着陆"，也不意味着"坐以待毙"，而是可以有所作为。近期，要密切关注一些经济先行指标，尤其警惕短期资本对国内市场造成的冲击。

缓解短期经济下行压力，可以考虑采取以下措施：首先，仍然需要借助投资驱动，关键是通过侧重投资质量和结构提高投资效率，可将投资重点放在投资边际效率高的领域，比如农村基础设施、水利设施和农业科技等。其次，提高现代服务业比重，增加可外贸的服务业比重。重点开发现代信息技术，比如移动支付、云计算等，再通过服务外包、技术和知识产权转移等提高外向服务业比重。再次，通过财税和金融政策优惠鼓励消费升级，不断提高居民平均消费倾向。随着居民收入不断提高，尤其是即将迈入中等收入国家人均收入水平，居民消费结构升级换代趋势明显，尤其是新生代农民工，正逐步从温饱型向发展型和享受型转变。这是启动消费的重要切入点，可成为财金政策支持的重点。最后，落实和完善减税降费政策，减轻企业负担，促进现代服务业发展。

---

① 本节内容主要节选自笔者 2013 年 1 月 31 日发表在《中国经济时报》的《中国经济应重点构建中长期风险应对机制》一文，略有改动。

二、中长期，不断深化财金领域改革

应对中国经济中长期风险，应重点着眼于"牵一发而动全身"的改革，不能搞修修补补的改革。本书认为，切中主要利益相关主体要害的仍然是财政和金融领域以及与之紧密联系的政府与市场关系，应在改革和发展中解决问题。因此，只有深化财政和金融领域改革，才能从根本上破除收入分配差距和财富分配差距的制约因素，并激发企业创新积极性、让要素流动畅通起来。加强财政与金融领域改革的协调性，形成制度合力，提高改革实效，共同促进实现改革目标。

（一）借鉴国外财税改革经验推进相关改革

科学合理的财政改革能够调动各方积极性，防范和化解因经济利益分配不公造成的风险。只有逐步推进规范、透明的现代财政改革，才能正确定位政府与市场、社会的关系。政府应重点为市场提供公共服务，营造公平竞争的环境，打击违法、非法的不公平竞争行为，而市场则通过市场机制实现优胜劣汰、资源合理配置。因此，今后财税改革的重点是：健全财力与事权相匹配的财政体制，促进基本公共服务均等化；完善预算编制和执行管理制度，提高预算的完整性和透明度；推进税制改革，完善有利于科学发展的税收制度。从具体实现方式上看，加快推进财政改革步伐，既要实施现代预算改革，也要建立和完善政府财务报告制度。一方面，可考虑确立现代预算改革基本原则，建立和完善科学、有效的财政预算体系；另一方面，应逐步建立体现政府履行经济职能的财务报告制度，同时财务报告应完整涵盖政府财政行为，还应建立和完善"权责发生制"的现代预算会计制度。

（二）继续推进现代金融体系改革

中国金融改革的大方向是建立现代金融体系。改革重点不应放在金融产品创新和金融机构资产负债规模上，而应着力在利率市场化基础上，完善促进债券市场健康、平稳和快速发展的长效机制，提高市场参与主体的多元化程度，鼓励按照市场化的交易规则和制度安排参与市场竞争，最终为促进建立和完善契约信用关系以及多层次金融市场发展，服务实体经济。同时，坚决破除阻碍金融创新的行政审批束缚，鼓励多种市场主体在金融产品、工具、机构和模式上加大创新。较之发达国家，中国金融业在体制机制、金融机构、市场深度、人才队伍、金融创新等方面仍有较大改进空间。与发达国家保险和养老金资产占金融资产 20%～30% 的比重相比，中国保险市场还有很大发展空间。尤其值得一提的是，中国应探索建立存款保险制度，逐步建立银行破产清偿制度，建立健全金融机构市场退出机制，减小金融机构尤其是银行向地方政府和融资平台大量借贷而无破产之虞的风险。为了保证货币政策独立性，应改变中国人民银行的隶属关系。

三、加大改革开放力度，优化外部经济环境

中国经济前进的动力仍然源自不断加大改革开放力度，对内改革转型，对外加快重新战略布局，不断提高国际竞争力。在经济转型过程中，要提高质量，既要让人民共享高质量的经济增长成果，又要提高资本积累质量。防范中长期风险，最有效的路径是通过技术创新不断提高劳动生产率和投资效率。一是制度设计必须考虑激励相容。截至目前，很难找到改革不触动一部分人利益的领域。因此，要推动改革前进，与其说是要有改革的勇气，倒不如说要有敢于牺牲个体利益换取整体利益提高的气魄。同时，也要研究激励相容的可行性，制度设计必须是激励相容的，即所有改革参与者既能保证自己的利益，也能最终达到整体利益最大化。二是鼓励淘汰落后技术，通过创新财税政策支持企业技术创新。三是开拓全球竞争新领域，在极地、太空、深海和网络等新的制高点获取制胜权，尤其是在可能爆发以互联网技术和可再生能源相结合的第三次科技革命中。四是积极参与全球治理改革，争取主动把握国际经济规则的话语权和制定权，不仅不能丢失贸易、货币等旧阵地，还要在气候融资等领域拔得头筹。

第二节　推动经济体制改革

在改革开放初期，由于各个阶层的起点几乎相同，改革的主客体、进程和力度都显得无足轻重，改革难度相对较小。然而，时至今日，很多利益主体几乎已经形成并不断固化，改革必然会涉及利益再分配的问题，阻力可想而知。在未来的改革中，我们应该以更广阔的胸怀拿出更大的勇气、更多的努力，超越现有格局，坚定社会主义市场经济改革方向，发挥市场在资源配置中的决定性作用，同时重视提高政府宏观管理艺术，植根于我国国情吸收国外市场经济建设的经验，重视人才兴国战略，提高国家竞争力。[①]

制度是社会公平正义的基础，是保障人民共享改革成果的重要基础。必须善于运用法治思维和法治方式，加紧建设对保障社会公平正义具有重大作用的制度，逐步建立起以权利公平、机会公平、规则公平为主要内容的社会公平制度保障体系，保障人民在政治、经济、文化、社会方面的权利和利益（辛鸣，2015）。[②] 我国经济体制改革的历史告诉我们，经济体制本质上是围绕经济资源占有和分配而进行的系统的、全面的制度设计，涉及各个社会阶层的权利和机会，最终通过个体各种能力的差距直接影响其根本经济利益。在改革开放初期，由于各个阶层的起点几乎相同，改革的主客体、进程和力度都显得无足轻重，改革难度相对较小。然而，时至今日，很多利益主体几乎已经形成并不断固化，改革必然会涉及利益再分配的问题，阻力可想而知。因此，如今的经济体制改革需要更大的决心、勇气和更多的智慧、行动，更需要宽广的、超脱权力和利益的情怀。无论是激进的还是渐进的，几乎所有改革主张都离不开以下几个重要议题：

---

① 本节内容主要节选自笔者 2011 年 11 月 21 日发表于《中国经济时报》的《推动经济体制改革趟过"浮水区"》一文，略有改动。

② 辛鸣：《十八届五中全会后党政干部关注的重大理论与现实问题解读》，中共中央党校出版社 2015 年版，第 191 页。

一、找准改革目标，认清改革方向

探索实现新的、更能体现人们幸福感的高质量增长的路径，才是发展的方向。

通过经济领域的一系列改革，实现共同富裕不应该是我国发展的终极目标，而应理解成阶段性目标，甚至可理解成是实现最高目标的一种手段而已。在经济总量不高的前提下，我国通过非均衡发展战略提高了经济发展速度和规模，却是以浪费资源和污染环境为代价换取的，这在造成代际不公平的同时并没有较大幅度地提高全社会的幸福指数，而且还造成了一些不容忽视的社会问题。这需要我们反思，过去的低质量增长是否可持续？是否是我们真正需要的增长？GDP不能真正完整地反映社会经济和人们生活的质量，探索实现新的、更能体现人们幸福感的高质量增长的路径，才是发展的方向。从本质上讲，改革的目标肯定有经济发展的内涵，但它并不是唯一的，而最为根本的应该是在实现人与社会、自然的和谐发展的基础上，实现人的全面、自由、平等的可持续发展。

二、正视改革难点，找准改革重点

从当前经济体制改革重点看，应该是理顺各种利益关系，寻求效率与公平的平衡点。

经济体制改革的难点和重点的制约因素、表现形式和解决方式均不相同，不能混为一谈。从当前经济体制的改革难点看，突出表现在"两难"问题上。解决"两难"问题，可以考虑从以下几方面入手：一是必须理顺投资消费关系，改变经济增长过度依赖投资、过度依赖能源资源消耗的现状，应使经济增长的持久动力建立在最终消费的基础上。二是必须尽快扭转城乡、区域发展不平衡和居民收入差距扩大问题，应使经济增长建立在公平、合理分配的基础上。三是必须着力促进国内发展与对外开放均衡协调，更好地利用两个市场、两种资源，牢牢把握经济全球化的机遇，以开放促改革。然而，从当前经济体制改革重点看，应该是理顺各种利益关系，寻求效率与公平的平衡点。我国在改革开放之初奉行"效率优先、兼顾公平"的发展策略。但是，国外的经验告诉我们，只有同时兼顾公平和效率，才能实现可持续发展，保持社会稳定。因此，在社会经济发展过程中如何有效地保证公平成为我国现在亟须解决的问题，这其中又涉及再分配的问题，而目前再分配的问题只是处于政府解决民生问题的层面上。政府不仅需要通过行政命令的方式解决民生问题，还应该通过建设法制社会，制定各种保证民生福利的法律来完善社会保障制度。

三、尊重改革动力，挖掘改革潜力

我国经济发展的动力在于民间蕴藏的、能量极大的积极性，关键是政府如何发现这些积极性，调动和引导这些积极性，并且规范这些行为。

改革的动力是经济主体之间的经济利益差距，改革动力的激发能够促进改革潜力的释放。行业之间和行业内部的经济支配权和收益权的差距构成了改革的内在动力。改革的动力仍然在基层，改革的潜力表现在群众的首创精神和实践中。我国经济发展的动力在于民间蕴藏的、能量极大的积极性，关键是政府如何发现这些积极性，调动和引导这些积极性，并且规范这些行为。政府应充分尊重基层的积极性和创新性，最大限度地发挥群众智慧，不断探索出首创的经典改革经验，并经过不断总结、推广和完善，逐渐变为一种模式，最后经过提炼升华为一种制度，并具体化为一种政策。

四、创新改革路径，推动改革跨越

在宏观经济调控和微观经济管理实践中，社会主义的核心价值观、诚信的市场道德和按章办事的调控手段并没有发挥应有的作用，相机选择的"灵活性"让政策决策、实施和评价失去了应有的约束。政府的重要职责在稳定宏观经济环境、维护公平竞争、改善基础建设、提供信息服务等，而把许多微观经济运行的问题交给"看不见的手"去处理。①

---

① 徐滇庆、李昕：《看懂中国贫富差距》，机械工业出版社 2011 年版，第 314～317 页。

为了建立中国特色社会主义市场经济，我国围绕经济体制改革建立和完善了相应的法律制度和管理制度，但是在宏观经济调控和微观经济管理实践中，社会主义的核心价值观、诚信的市场道德和按章办事的调控手段并没有发挥应有的作用，相机选择的"灵活性"让政策决策、实施和评价失去了应有的约束。在未来的改革中，我们应该以更广阔的胸怀拿出更大的勇气、更多的努力，超越现有格局，坚定社会主义市场经济改革方向，发挥市场在资源配置中的决定性作用，同时重视提高政府宏观管理艺术，植根于我国国情吸收国外市场经济建设的经验，重视人才兴国战略，提高国家竞争力。

（一）更加重视市场的决定性作用，增强政府宏观调控管理的艺术

无论遇到国内外什么样的经济波动，我国的经济体制改革一定要坚定市场取向，切不可乱了阵脚。市场作为配置资源的决定性作用可取得经济高效率，其中价格、市场信息等市场机制能够引导资源合理流动。同时，不应忽视政府弥补市场失灵的作用。国家调控管理应当在不影响公平竞争的原则下，最大限度地为经济利益各方提供公平竞争的环境。这就要求我们进一步深化改革，理顺政府和市场的关系。一方面，要坚持市场取向改革，按市场经济规律办事。政府应更多地依靠经济手段，减少行政手段直接干预经济。更大限度地发挥市场在资源配置中的决定性作用，加快形成统一、开放、竞争有序的现代市场体系，提高国民经济活力和效率。另一方面，要转变政府职能，加快建设法治政府和服务型政府，提高公共服务效率。市场与政府是一个对立统一的关系。目前我国已经面临经济体制转型问题，政府也应在转型的过程中逐步转变自己的角色和工作中心。在实际运作过程中，政府要从注重追求经济增长转向为公民提供公共服务，通过提供公共服务促进社会公平。要逐步建设现代财政制度，发挥现代财政职能，让现代财政政策和资金更多地向社会性公共服务倾斜，逐步实现基本公共服务均等化。

（二）不能照抄国外模式，要植根于中国特色

发达市场经济国家的经济体制是与相应的实施环境相匹配的，必定受

到一些条件的制约。由于经济发展阶段不一样，经济体制改革的内在约束
也就不一样，全盘照抄和简单复制发达市场经济国家经济体制改革的经
验，必然带来"水土不服"的问题。我们需要进一步认识到，未来的任何
经济体制改革都必须植根于我国国情。我国国情复杂，历史遗留问题也比
较多，应当具体情况具体分析，做到有的放矢。对于国外现代市场经济体
制改革的发展实践，我们应吸取教训借鉴经验，紧密结合本国实际情况，
同时注意处理好以下两个问题：一方面，研究国外的市场经济体制在促进
经济发展方面有什么样的积极作用，这可以加深我们对实施市场经济体制
改革国家的经济和政策的了解；另一方面，经济体制改革在"十三五"阶
段进入了关键时期，过去的经济高速增长和社会主义市场经济改革在带来
巨大物质利益的同时，也积累了一些亟待解决的问题，例如，理顺投资消
费关系、扭转城乡、区域发展不平衡和居民收入差距扩大问题，促进国内
发展与对外开放均衡协调等等，这些问题亟须在更高层次的经济体制改革
中不断加以解决。

（三）实施人才战略，提高创新能力和国家整体竞争力

要完善社会主义市场经济体制，推进各方面体制改革创新，加快重要
领域和关键环节改革步伐，着力构建充满活力、富有效率、更加开放、有
利于科学发展的体制机制，为发展中国特色社会主义提供强大动力和体制
保障。深化经济体制改革要在大局观指引下，统筹规划、全面系统和科学
合理地重点处理好以下几个问题：一是大胆实施国际人才战略。以更加优
惠的政策吸引海外人才，留住国内人才。重点通过市场机制和法律手段完
善海外移民管理制度，进一步完善覆盖全民的基本公共服务体系。二是
"自下而上"改革与"自上而下"改革相结合。过去"摸着石头过河"的
渐进改革为经济体制改革积累了很多宝贵经验，现在和将来在很多领域仍
然需要延续这一模式。但是，在社会主义市场经济体制蓝图十分清晰的前
提下，实施所谓的"顶层设计"，即在总结基层改革经验的基础上，重点
通过自上而下规划改革的路径也是可取的。因此，恢复体改委或者类似机
构具有一定的合理性。三是发挥民间资本的积极作用。只有能够吸引大量
民间投资的产业、领域和地区，才可能形成新的经济增长极。为此，我们

应该深化经济体制改革，消除吸引和调动民间资本进入相关产业、领域和地区的各种障碍，调动民间资本的投资积极性。四是提高创新能力和国家整体竞争力。提高国家整体竞争力需要以体制机制创新为基础，不断提高全民创新能力。成立类似国家竞争力委员会的机构，评价改革实施绩效，以此作为创新的起点和动力。同时，通过行政管理体制、公共预算体制、科技创新体制等体制机制创新，为提高整体创新意识和能力提供制度保障。

第三节　完善科学、合理、民主的决策机制

科学、合理、民主的决策机制是制定符合民意制度和政策的前提条件，是促进社会和谐发展与人的自由全面发展的重要保障。具体而言，体现在促进社会和谐发展与人的自由全面发展的现代财政制度和政策上，就是约束政府官员的非完全理性，坚持人民的主体地位，培养人民的民主精神，建立公众对公共需求的有效表达机制。现代财政民主决策机制的核心是扩大人民民主，拓宽民主渠道。在公共政策民主决策过程中，民众意愿表达越充分，决策者对民众意愿越了解，决策就越符合大多数公众利益，越有助于保证、促进社会和谐发展与人的自由全面发展的财政政策决策的民主化、公开化、法制化、科学化、合理化。我们要始终明确，促进社会和谐发展与人的自由全面发展要体现人民的主体地位，并发挥政府的引导作用。

一、坚持人民主体地位，保证公众话语权

马克思主义基本原理认为，人民群众是社会生产力、社会生活和社会历史的主体。改革开放以来，我们不断加强社会主义民主政治建设，进一步保证了广大人民群众依法行使自己的民主权利，充分调动了人民的积极性、主动性、创造性。在全面建成小康社会的过程中，我们要进一步发展人民民主，维护社会公平正义，保障人民平等参与、平等发展权利。人民当家做主参政议政是社会主义民主政治的本质和核心。扩大民主参与是增

进公众在决策程序中权利的一个重要手段。要健全民主制度，建立真正能够重视公众利益诉求和保证社会发展的人民代表大会制度，通过法定程序实行城乡按相同人口比例选举人大代表，依法实行民主选举、民主决策、民主管理、民主监督，保障公众的知情权、参与权、表达权、监督权，充分尊重公众代表的意见和建议。

民主程序上，应推进决策科学化、合理化、民主化，增强决策透明度和公众参与度。现代财政民主建设并不是仅通过各级人民代表大会审查政府预算，同时还需要一定的政治民主程序并按照公众意愿制定一系列财政制度和政策并安排财政支出和活动，最终实现促进社会和谐发展与人的自由全面发展的目标。

二、搭建公众利益表达平台，确保公众利益诉求畅通

为了使政府决策尽可能地贴近公众实际需求，应建立一种常态的公众利益聚合与表达的渠道和机制。国际实践经验证明，大力发展各种公益性组织，是提高民众公共事务参与度的有效途径。只有打破政府的信息垄断，提高决策的透明度，降低公众获得相关信息的成本，才能实现建设促进社会和谐发展与人的自由全面发展的现代财政制度和政策的预期目标。①

在继续推进市场化改革进程中，政府应在土地流转、劳动力充分流动等方面放松管制，为社会合作组织健康成长营造良好的外部环境。我国尤其要高度重视提高农民组织化程度，大力发展合作社是一条有效路径。作为市场中介组织，农业合作社肩负着发展农业和农村经济的特殊使命。一是通过联合个体农户，形成以家庭承包为基础的规模经营，提高农产品市场竞争力，增加相关利益方收入；二是通过把分散的公众组织起来，实现标准化生产，提高农产品质量和安全。农业合作组织是在微观公众与宏观政府之间搭设起来的理解与沟通的中观平台，构筑二者间的信息交流与反馈机制，可以降低政府信息收集与甄别成本，有利于降低决策成本。②

---

① 胡洪曙：《农村社区的村民自治与公共选择——兼论农村公共产品供给的决策机制》，载于《财政研究》2007 年第 2 期。

② 张晓山：《告别农业税后的"三农"问题》，载于《中国税务》2005 年第 8 期。

三、增强农民自治能力，塑造乡村现代治理新格局

增强农民民主意识是促进农村社会和谐发展与人的自由全面发展的关键，是建立健全促进社会和谐发展与人的自由全面发展现代财政制度和政策的基础。无论是培育新型农业经营主体，还是保证农民有充分的参政议政权利，都需要加强对农民民主自治管理意识和能力的培养，良好的乡村现代治理结构有助于构建农民诉求表达的基层民主基础。

虽然我国村民自治制度赋予了公众的民主选择权利，但在村级财务决策和民主管理上，公众表达自己偏好和意见的实施效果不尽理想。实现基层民主的重要路径有以下两条：一是通过教育培训提高公众自我管理、自我教育和自我服务意识，变"自上而下"决策为"自上而下"与"自下而上"相结合的决策，变政府主导型为政府与公众互动型。二是通过完善基层政务公开、村务公开等制度，鼓励公众积极参与政策制定或实施活动，培养公众民主参与意识和公民责任，减弱、消除公众因理性无知造成的"搭便车"心理。同时，实现政府行政管理与基层群众自治有效衔接和良性互动。通过县、乡等基层政府政务公开，在公共产品与服务领域确立与公众合作与信任的民主监督机制，由此来监督和制约县、乡等基层政府预算执行管理等公共决策，才能保证公众更多地参与地方公共产品与服务的决策过程，真正落实各项农村财政政策。

第四节　促进收入公平分配的配套措施

从国家内部看，不管是发展中国家还是发达国家，不平等问题都在加剧（拉美国家被普遍认为是世界上贫富差距最大的国家，却是世界上唯一显著逆转不平等趋势的地区）。[①] 在市场机制下，收入分配的结果一直很难做到令各方满意。收入分配的依据很复杂，各种逻辑有不同的道理。其

---

① ［美］丹尼·罗德里克著，李影雯译：《全球平等是国内平等的敌人吗?》，载于《改革》2017 年第 3 辑。

中一种比较典型的观点认为，在分配问题上，起作用的只是社会关系，即基于所有权的分配权。用现代社会"折现值"的观点看问题，分配权不仅是所有制关系的反面，而且在量上，所有权就是分配权的倒数，本身就是由分配权的大小来衡量的。作为一种社会关系，分配本质上取决于人与人之间关系的历史和现实的状况，取决于经济权利之间的较量和斗争（樊纲，2015）。① 同时，促进收入公平分配、缩小居民财富差距，建立合理的收入分配制度，是促进社会和谐发展与人的自由全面发展的重要基础，是一项综合性的复杂社会系统工程，需要依靠多方面力量来调节。很显然，实现收入公平分配，市场机制要发挥决定性作用，但并不意味着政府将无所作为，财政政策还需要与其他政策和措施共同发挥作用。

一、市场应在收入分配中起决定性作用

（一）市场化改革绝不是收入分配不平等加剧的根本原因

从理论上讲，认为中国收入分配不平等加剧的根本原因源自中国的市场经济改革，是不成立的。至少在完善的市场经济中，如果没有随机冲击的影响，无论是在短期还是在长期中，市场机制本身都不会使不平等持续恶化；而且，从长期看，即使经济中存在能力、偏好和其他随机收入的影响，不平等也不会持续扩大。② 因此，当前中国收入分配不平等加剧现象，只能是由于市场经济改革仍不够深入所致，而不能把市场经济改革当作"原罪"。

（二）继续深化市场经济改革是解决收入分配不平等问题的根本出路

一般情况下，政府不干预由市场形成的初次分配环节。从根本上解决

---

① 樊纲：《现代三大经济理论体系的比较与综合》，格致出版社、上海三联书店、上海人民出版社 2015 年版，第 171 页。

② 王弟海：《收入和财富分配不平等：动态视角》，格致出版社、上海三联书店、上海人民出版社 2009 年版，第 389 页。

好收入分配不平等问题，应着重以深化市场改革为抓手。"一次分配重视效率，二次分配重视公平"的提法不科学，应该在一次分配上同时解决公平与效率的问题，二次分配作为补充。如果中国能够深化改革，消除金融结构、资源价格、行政性垄断等扭曲，使市场充分发挥作用，国民经济按照比较优势来发展，有劳动能力的人可以充分就业，分享经济发展的成果，就有望实现一次分配达到公平与效率相统一的又好又快发展。到那时，二次分配的任务是解决丧失就业能力的人群和鳏寡孤独等救助问题，这样的问题比较容易解决。如果通过二次分配来解决公平问题，很有可能陷入所谓的"拉美陷阱"（林毅夫，2012）。[1]

二、政府也应在初次分配中"有所作为"

建立公平合理的收入分配制度对促进社会和谐发展与人的自由全面发展具有重要意义。只有从根本上改变目前收入分配体制中存在的不和谐因素，才能真正实现收入分配与社会和谐的统一，实现共同富裕，促进我国社会和谐发展。为此，对于我国目前的收入差距问题，应该针对高、中、低不同的收入群体，采取不同的政策，缩小收入差距，创建和谐社会。[2]政府运用财政手段对初次分配的结果进行再分配，但这并不意味着政府在初次分配领域毫无作为，政府应健全初次分配制度，努力实现劳动报酬增长和劳动生产率提高同步，着重保护劳动所得，提高劳动报酬在初次分配中的比重。政府在初次分配领域发挥作用主要可以从以下几个方面入手：

（一）政府要为完善市场体系创造条件

收入公平分配的前提是权利和机会平等，而只有健全完善的市场经济体系才能为机会平等提供保障。市场不规则、市场秩序混乱，导致权利和机会不平等是最大的不公平。因此，对因各种因素导致的市场变形、市场

---

① 林毅夫：《解读中国经济》，北京大学出版社 2012 年版，第 234～239 页。
② 胡晓春：《完善收入分配体制　促进社会和谐发展》，载于《西北师大学报》（社会科学版）2013 年第 1 期。

扭曲，政府必须在保护公平竞争、加强市场监管、维护市场秩序、弥补市场失灵等方面担负起相应的责任，并健全资本、知识、技术、管理等由要素市场决定的报酬机制；同时，适度加大中央财政事权，保证各个市场主体能够在一个规范、有序的统一市场环境下进行公平竞争，提高要素配置效率，尽可能地使要素报酬与投入相匹配。

（二）政府要完善促进劳动要素市场发育的相关举措

在深入推进要素市场化改革进程中，政府要在初次分配领域更加重视处理好政府与市场的关系，沿着市场机制调节、企业自主分配、平等协商确定、政府监督指导的原则向前推进。健全工资决定和正常增长机制，完善最低工资和工资支付保障制度，完善企业工资集体协商制度等，着重以非公有制企业、中小企业为重点，积极稳妥推行工资集体协商和行业性、区域性工资集体协商，因地制宜提高最低工资标准。

（三）政府要为增加居民财产性收入优化制度环境

完善增加居民财产性收入的体制机制，是收入分配制度改革的一个重要方面。因此，应继续依法加强对公民财产权的保护，实行国家依法征收征用补偿原则，依法规范和保障居民拥有使用权的房屋、土地和资源的转让行为，进一步健全保护公民财产权制度，为切实增加居民财产性收入营造公开、公平、公正的法制环境。

三、规范收入分配秩序

规范收入分配秩序，是形成合理有序收入分配格局[①]的重要途径。目前，初次分配和再分配机制改革都有很多增量空间，而规范收入分配秩序，则涉及存量调整。分配秩序是保证收入分配是否公平的重要环节，规

---

① 客观地讲，导致我国经济转型期收入分配状况恶化的一个主要原因就是收入分配领域分配秩序混乱及各种不公平竞争因素存在，包括权力寻租等腐败行为、行政管理乱收费、以权谋私行为、假冒伪劣等违法经营行为、国有资产流失等损公肥私行为以及各种不合理、不合法的不公平竞争所导致的非规范收入，这些都是导致分配状况恶化以及社会不公正的主要原因。

范分配秩序是为了使相同的生产要素获得相同的回报。在经济转型期，完善收入分配调控体制机制和政策体系，营造公开透明、公正合理的收入分配秩序是实现收入公平分配的迫切要求。总体来说，应建立个人收入和财产信息系统，保护合法收入，调节过高收入，清理规范隐性收入，取缔非法收入，增加低收入者收入，扩大中等收入者比重，努力缩小城乡、区域、行业收入分配差距，逐步形成"橄榄"型分配格局。

（一）保护合法收入

1. 正确处理国家、企业与个人的分配关系

社会主义国家既是政治权力的行使者，又是全民所有制生产资料的所有者。作为政治权力机关，国家有管理社会和调控宏观经济的职能。为了实现其作为政治权力机构的职能，国家必须凭借政权强制地、无偿地参与社会产品的再分配，主要依据法律，采取税收形式，通过公平税负使收入公平分配。作为全民所有制生产资料的所有者和投资者，国家可以凭借所有权取得产权收入，通过参与初次分配，确定国有资产收入与企业自留收入的比例，促进收入公平，如对于占有国有资产较多的企业可以适当多收资金占用费，对于自然资源、地理位置等客观条件较好的企业可以多收资源占用费和地租等。通过上缴租费等形式调节企业级差利润，减少由于客观因素不同而带来的苦乐不均，使企业收入水平大体公平合理。同时，国家应鼓励"藏富于民"，努力实现居民收入增长与经济发展同步、提高居民收入在国民收入分配中的比重。

2. 继续保护农民合法权益，拓宽农民增收渠道

一是进一步完善各种鼓励农民进城的政策法规，使进城农民工市民化，保护农民工合法收入。农民进入城镇工作和生活是新型城镇化、工业化和现代化建设的必经环节和必然结果，政府要创造条件让农民工平等地融入城镇，并赋予更多的市民权利和合法权益，才能保护和提高农民工合法收入，有效化解构建社会主义和谐社会进程中遇到的社会矛盾。二是继续健全农业支持保护制度和农业补贴制度，提高农民职业技能和创收能力，大力增加转移性财产收入；同时，整合城乡居民基本养老保险制度、基本医疗保险制度，推进城乡最低生活保障制度统筹发展，缩小城乡收入

差距。

3. 继续深化国企改革，积极扶持中小企业发展

国有企业应该从一般竞争性领域逐步退出，并真正促进政府职能转变。这就需要在就业、再就业、工资、住房和社会保障、生产投资和原材料供给、信贷融资、产品销售和出口等方面，实现由向国有企业倾斜转向对全社会覆盖。同时，推动国有企业完善现代企业制度和推进混合所有制改革，发挥国有经济主导作用，不断增强国有经济活力、控制力、影响力。另外，政府积极扶持中小企业，促进经济主体多元化，为社会成员的机会和结果平等创造有效的制度空间。

4. 消除政策性等非市场因素的负面影响，清理规范隐性收入

清除因各种政策因素、改革因素等造成的部门间、地区间，试点、非试点间收入分配的不公平。正视目前部门所有、地方所有造成的收入分配不公平，清理规范隐性收入：着手解决部门所有、地方所有问题；严禁五花八门的部门、单位福利，继续查处各种小金库；提高工资，规范福利项目，统一发放政府部门福利；逐步消除试点企业、试点单位、试点地区与非试点政策上的差别，实现收入共同增长。

5. 矫正财政分配错位，改革行政事业单位工资制度

一方面，现代财政应从过去过多干预初次分配中工资收入的模式中解脱出来，履行社会保障的职责；而企业则应尽快卸下包办社会的包袱，集中精力搞好内部分配。应进一步深化工资制度改革，使工资制度与社会保障制度相分离。工资制度改革本身，有助于强化财政进行收入再分配的社会职能，矫正财政分配错位，实现收入公平分配。另一方面，要健全科学的工资水平决定机制、正常增长机制、支付保障机制。这意味着，必须使行政、事业单位人员工资随着社会经济发展而稳步提高；同时，应与企业职工工资增长相协调。为此，应进一步精简机构、转变政府职能、合理配备人员，建立良好的晋级增资制度。

（二）调节过高收入

1. 坚决实施《反垄断法》，遏制以行业垄断获取高收入

行业垄断加剧了我国收入分配的不公平。垄断行业凭借行政垄断地位

和准入管制，既享受国家政策扶持，又垄断市场并获取了高额垄断收益，并通过各种形式为本行业谋取高收入和高福利。有数据显示，人均收入排在前列的行业多是垄断行业，而排在后面的行业大多是竞争较充分的行业。因此，为实现收入公平分配，应严格依照《中华人民共和国反垄断法》规定，利用法律手段引导垄断行业合理定价，取消政府对垄断行业的各项优惠政策，扩大行业准入程度，鼓励公平竞争，缩小国家垄断性行业的范围；同时，允许外资和民间资本进入垄断行业进行投资，使经营主体多元化，从而形成平均利润，从根本上解决垄断行业与非垄断行业职工收入分配差距过大的问题。

2. 弱化行政性垄断经营力量，创造公平的竞争环境

要逐步改革现行的部门行业管理体制，调整改革管理职能，简化利益关系，建立与多家竞争局面相适应的调控体系。一方面，最大限度地引入竞争，改变垄断经营的局面。通过不断引入新的竞争因素，逐渐削弱由于政府权力介入造成的某些行业或部门的行政性垄断经营，对因此形成的垄断利润要课以专项税收，并用于对中小企业创业和发展的扶持；对行政性垄断行业单位内部收入分配应有合理且严格的制度约束。另一方面，要改革部门内部单一所有制机构，提高经营效率，降低经营成本，对必须由国家垄断经营的行业要强化财务监督，采取措施将垄断利润划归国家所有。

（三）取缔非法收入

在我国现行体制下，行政权力控制着大量的资源，并经常介入资源配置，这是我国出现形形色色的设租、寻租等腐败现象的体制根源。我国改革开放实践也证明，经济体制改革较深入而政治体制改革跟进力度不够，导致某些经济改革不仅不能顺利进行，反而还会在改革中产生因政治体制改革缺位而形成新弊端。在这种状况下，不公平的非法收入会逐渐形成。防止权力过分介入分配领域和限制权力寻租的最好办法是靠制度约束。因而，在深化收入分配体制改革的同时，应加快推进政治体制改革进程，建立有效的权力监督机制，消除腐败产生的社会土壤，具体措施可考虑：

一是真正实现政企分离，彻底落实企事业单位的自主权，清除各种体制的漏洞，解决"行政权力"对社会资源的过度干预。使国家资源由行政权力直接控制为间接管理，减少和规范行政审批和收费制度，将所有的收费收入都纳入预算，从体制和制度上消除权力参与分配。

二是结合体制改革和机构改革，全面调整各级政府的职责与权限范围，强化各个政府部门之间及社会力量对政府行为的制约与监督。

三是扩大权力的透明度，推进决策民主化与公开化，从程序上建立起防范权钱交易的机制。

四是制定严格的权力行为规范，对领导干部的职权范围、权力行使标准、权力运作程度等做出明确的具体规定，用法制及规章制度来引导、规范、约束领导干部的权力行为。

四、加大再分配调节力度

调整国民收入分配格局，除了初次分配发挥主要作用外，还有第二、第三次分配的再分配要起到辅助作用。[①] 第三种力量参与分配是政府调节收入分配的重要补充。因此，实现收入公平分配不能忽视或者排斥第三种力量的作用。政府应该通过完善制度保障与财政政策来强化政府责任。具体来说，可以采取以下措施：

（一）加大税收调节力度，坚持再分配公平导向

继续探索对个人高消费、所得或财产转移征收高额的累进税，减轻中低收入阶层税负，加大对高收入阶层税收调节力度。其一，调整消费税征收范围、环节、税率，把部分高档商品纳入征收范围，进一步体现消费税在调节收入方面的作用。其二，逐步建立综合与分类相结合的个人所得税

---

① 第三次分配是指发挥第三种力量在促进财富公平分配中的重要作用，第三种力量对财富分配的调节也属于一种财富再分配，政府应该在财税政策上采取措施鼓励发展社会捐赠事业，鼓励第三种力量参与财富分配的调节具有重要意义：第一，第三种力量参与财富分配的调节是促进社会和谐发展的重要基础，有利于实现收入公平分配；第二，第三种力量参与收入分配的调节还可以体现社会的人道主义，有利于创造一个公平的社会环境；第三，第三种力量参与分配还可以减轻政府的负担。但是，目前我国第三种力量在参与财富分配调节中的作用还远未发挥到位，具体表现在：首先，税收优惠政策不太合理；其次，慈善法律法规不健全；最后，慈善组织缺乏公信力。

制，并逐步扩大综合所得征税范围和适当增加专项扣除项目，同时构建与综合和分类相结合税制相适应的新的税收征管制度，提高个人所得税征管水平。其三，逐步完善财产税体系。一方面，要加快房地产税立法，建立"税基广泛、负担公平、征管便利"的现代房地产税制度；另一方面，随着公民依法纳税意识增强、税收征管信息化程度变高、税源管理水平提升，我国应继续探讨未来征收遗产税和赠与税的可行性和可操作性。开征遗产税和赠与税一定要谨慎，可将财富相对较多的纳税人作为试点对象。

（二）完善转移支付制度，不断瞄准受益对象

作为现代财政支出的一个重要方面，转移支付通过对一般项目和专项的支持，起到平衡财力、提高财政资金使用效率的作用。今后，应继续完善一般转移支付增长机制，重点增加对革命老区、民族地区、边疆地区、贫困地区的转移支付，同时清理、整合、规范专项转移支付，提高对受益对象支持的精准度。

（三）建立公共资源出让收益合理共享机制，不断提高上缴比例

要建立公共资源出让收益合理共享机制，包括土地、海域、森林、矿产、水等公共资源出让机制，要更加公开、公平、公正，出让收益须主要用于公共服务支出；同时，要提高国有资本收益上缴公共财政比例，2020年提到30%，更多地用于保障和改善民生。

（四）创新慈善事业发展机制，不断调动各方积极性

在一个社会和谐发展的国家，一定会形成乐善好施的良好社会氛围。鼓励高收入者向低收入者提供援助，鼓励他们向公益机构（慈善机构、福利机构等）、教育机构、医疗机构等进行捐赠，进而发展慈善事业。今后应继续创新慈善事业发展机制，不断调动各方积极性，推动慈善事业发展，可考虑从以下两个主要方面入手：一是营造良好环境，加强慈善组织能力建设。要创新募捐方式，建立长效机制，提高慈善机构知名度、公信度。例如，可以借鉴西方发达国家及中国香港、中国澳门等地区的成功做

法，继续较大范围地允许以个人或公司的名义建立公益基金。在确保专款专用、独立运作的基础上，公益基金应享受税收优惠政策。这在为富裕阶层"正名"的同时，也促进了慈善公益事业发展。政府要完善宏观政策、运行规则尤其是税收政策，鼓励"回馈社会、扶贫济困"的善举。二是实行按比例和全额扣除相结合的税收优惠政策，并采取提高扣除比例、多种扣除形式。今后，政府应在加强慈善机构等非营利组织认定的基础上逐步拓宽税收优惠范围，并提高扣除比例。此外，还可探索实物捐赠扣除，但其难点在实物价值评估。

第五节　统筹城乡发展的配套措施

统筹城乡发展是一个系统工程，涉及政治、经济和社会的方方面面，也是促进社会和谐发展与人的自由全面发展的重要推动因素。财政政策和财政制度改革无疑是其中的重要方面，但还需要多方面的配套改革，其中制度创新应该是统筹城乡发展的一个重要内容。今后，应重点继续推进影响城乡统筹发展的土地制度、户籍制度、农村金融体系等方面改革。

一、进一步深化土地制度改革

党的十一届三中全会以来，我国农村实行了土地家庭承包责任制，农民获得了土地承包权、生产经营权和收益支配权。这是农村生产关系的一次重大调整，也是土地制度的一次新的重大改革，极大地解放了农村生产力，调动了广大农民生产积极性，对农村经济和社会发展产生了深远影响。党的十八届三中全会指出，应坚持农村土地集体所有权，依法维护农民土地承包经营权，发展壮大集体经济。稳定农村土地承包关系并保持长久不变，在坚持和完善最严格的耕地保护制度前提下，赋予农民对承包地占有、使用、收益、流转及承包经营权抵押、担保权能，允许农民以承包经营权入股发展农业产业化经营。鼓励承包经营权在公开市场上向专业大户、家庭农场、农民合作社、农业企业流转，发展多种形式规模经营。但是，目前我国农村土地制度还存在较多问题，需进一步深化改革：第一，农村集体土地所有权与国有土地所有权地位不对等、集体建设用地产权不明晰、权能不完整、实现方式单一等问题依然突出，已经成为统筹城乡发展的制度性障碍；第二，征地的信访居高不下，群体性事件时有发生，社会风险加剧；第三，农村集体建设用地市场发展不平衡、不规范的问题依然十分突出。要解决上述问题，要完善农村集体经营性建设用地权能、继续改革土地征用制度、建立城乡统一的建设用地市场。

（一）完善农村集体经营性建设用地权能

1. 坚持同等入市、同权同价

一方面，农村集体经营性建设用地可以与国有建设用地以平等的地位进入市场，可以在更多的市场主体间、在更宽的范围内、在更广的用途中进行市场交易；另一方面，农村集体经营性建设用地享有与国有建设用地相同的权能，在一级市场中可以出让、租赁、入股，在二级市场中可以租赁、转让、抵押等。

2. 严格用途管制和土地规划管理

世界上大多数国家的通行做法是，对土地用途实行管制，这是确保土地利用经济效益、社会效益、生态效益相统一的根本途径，也是统筹经济发展与耕地保护的重要举措。这意味着农村集体经营性建设用地入市要以严格用途管制、符合用地规划为前提。

（二）继续改革土地征用制度

1. 进一步明确界定征地范围

目前，征地范围过宽的关键在于没有严格区分公益性和经营性用地。因此，必须明确界定征地范围，即哪些为服务公共利益需要使用的土地。借鉴国外经验并结合我国实际，我们认为公共利益需要用地应包括：第一，国家机关用地；第二，国防军事用地；第三，国家重点扶持的能源、交通、水利、电力等基础设施用地；第四，非营利性的"安居工程"用地；第五，教育、文化、卫生、体育、环境保护、城市绿化、文物保护等公益事业用地。今后，要缩小征地范围，将征地界定在公共利益范围内，逐步减少强制征地数量，从源头上减少征地纠纷产生。

2. 进一步规范土地征用程序

应改变政府的征地程序，改革完善征地审批、实施、补偿、安置、争议调处裁决等程序，强化被征地农民的知情权、参与权、收益权、申述权、监督权，防止地方政府滥用征地权。

3. 进一步提高补偿标准，为被征地农民提供更加完善的社保

从国际通行的征地补偿标准来看，一般主要有三种：完全补偿、不完全补偿和相当补偿。世界上大多数国家采取的是完全补偿办法。建议参照国际惯例，采取完全补偿办法，即以做了必要扣除以后的土地价格作为补偿标准。同时，完善对被征地农民合理、规范、多元保障机制，从就业、住房、社会保障等多个方面采取综合措施维护被征地农民权益。同时，可考虑设立被征地农民社会保障制度建设基金；构建被征地农民最低生活保障体系；加大对被征地农民职业技能培训力度，促进被征地农民就业。另外，有条件的地区要加大财政转移支付力度，为被征地农民建立更加完善的养老保险制度、医疗保险制度。

4. 建立兼顾国家、集体、个人的土地增值收益分配机制

提高被征地农民在土地增值收益中所占比例，这意味着被征地农民集体和个人除了得到土地合理补偿外，还能通过一定方式分享一定比例的增值收益，并且所获得的增值收益要向个人倾斜，合理提高个人收益。

（三）建立城乡统一的建设用地市场

要统筹城镇建设用地与农村集体建设用地和宅基地，统筹增量建设用地与存量建设用地，实行统一规划，遵循统一规则，建设统一平台，强化统一管理，形成统一、开放、竞争、有序的建设用地市场体系。

二、进一步深化户籍制度改革

（一）加快户籍制度改革

改革开放至今，人口红利不仅提供了充足的劳动力供给，而且贯穿于高速经济增长的每个因素之中。同时，全要素生产率提高的源泉，也在相当大程度上来自劳动力从农业向非农产业转移产生的资源重新配置效率。自 2010 年开始，中国人口红利开始式微并逐渐消失，经济增长越来越依靠技术进步带来的全要素生产率的提高。由于生产率提高需要付出艰难努力，经济增长减速是不可避免的。然而，在发展资本市场、加快创新和发展高等教育、改善城市管理、减速宜居的城市和形成集聚效应、有效的法治、分权和反腐败等领域改革效果，至少需要十年乃至更久才能显现出来。因此，跨越"中等收入陷阱"、应对"未富先老"的严峻挑战，推进户籍制度改革将起到重要作用，并对推动经济增长产生立竿见影的效果。[①]

针对上述问题，下一步改革的方向是推进农业转移人口市民化，逐步把符合条件的农业转移人口转为城镇居民。创新人口管理，加快户籍制度改革，全面放开建制镇和小城市落户限制，有序放开中等城市落户限制，合理确定大城市落户条件，严格控制特大城市人口规模。在配套制度方面，应稳步推进城镇基本公共服务常住人口全覆盖，把进城落户农民完全纳入城镇住房和社会保障体系，在农村参加的养老保险和医疗保险规范接入城镇社保体系；同时，在财政制度方面，应明确区分中央与地方在推进户籍制度改革中的财政事权与支出责任，并逐步建立和完善财政转移支付同农业转移人口市民化挂钩机制。

（二）真正在观念上摒弃"二元"户籍制度

对已转移到城市的农民工，应让他们逐步享有和城市居民相同的权利。目前，我国在全国范围内进行了试点改革，试点工作应进一步加大力度，不仅应让农民，而且还要让政府部门、企业等感觉不到户口的限制。只有这样，人们在观念上的城乡户籍制度差异才会彻底清除，才谈得上真正的城乡统筹发展，促进社会和谐发展，最终实现人的自由全面发展。

三、进一步深化农村金融体系改革

作为农村经济的"血液循环系统"，农村金融肩负着服务"三农"的

---

① 蔡昉：《赢得改革红利》，社会科学文献出版社 2015 年版，第 229～234 页。

政策性任务，是农业和农村经济发展不可或缺的支撑力量。农村金融一直以来就担负着"双重职能"，一是推动新型城镇化进程、促进农民充分就业和增收的经济职能；二是供给农村公共金融服务、方便农民生活的社会职能。但是，现行的农村金融制度从制度安排到功能作用发挥都存在一系列问题，有典型的"金融抑制"特征，严重影响了金融服务经济、社会职能的"到位"。目前，农村金融体系存在以下问题：第一，农村金融体系不完善；第二，农村金融创新不够；第三，农村金融供求失衡；第四，农村金融市场存在扭曲的"二元"结构。针对目前存在的问题，农村金融体系改革应采取以下措施：

（一）创新财政政策，培育农业农村发展新动能

推动农村金融发展，不仅需要放松管制，还需要一定的政策支持，为其发展提供有利环境，并引导其发展方向，保证农村金融体系稳健运行。具体来说，发展农村金融需要以下两类政策支持。

1. 创新财政政策，加快农村金融创新

促进商业金融机构有效发挥推动农村经济作用的前提是农村经济发展和农业效率提高。当前，深入推进农业供给侧结构性改革、加快培育农业农村发展新动能的新任务为农村金融发展提供了良好的社会和经济环境。推动农村经济发展的各项改革措施，都将有利于农村金融的健康发展。其中，完善农业补贴制度和改革财政支农机制等财政支持政策是推动农村金融发展和创新的有力保障。同时，深入推进承包土地的经营权和农民住房财产权抵押贷款试点，探索开展大型农机具、农业生产设施抵押贷款业务。加快农村各类资源资产权属认定，推动部门确权信息与银行业金融机构联网共享。持续推进农业保险扩面、增品、提标，开发满足新型农业经营主体需求的保险产品，采取以奖代补方式支持地方开展特色农产品保险。

2. 加大财政支持力度，培育新型农业经营主体

农民在市场谈判中处于弱势，导致农资价格居高不下、农产品价格大幅波动，根本原因是农民没有较好的联合与合作平台，农民话语权缺失。而且，现在村级集体经济往往是空壳，农村联产基础十分薄弱。培育新型

农业经营主体能够为农民减少交易费用，低成本地联结大市场。农民专业合作社是新型农业经营主体的重要形式，目前已经有较好的基础。充分发挥财政资金"四两拨千斤"的杠杆作用，整合农村资源，加快培育农业专业合作社等新型农业经营主体，吸引更多社会资金投入"三农"。

（二）完善支农政策体系，扶持农村金融体系

政府应出台一系列举措，扶植构建农村金融体系，促进金融机构充分发挥作用，有效解决"三农"问题，但这并不意味着"政府包办"。近十年来的农村金融改革实践充分证明了"政府包办"模式并不能有效解决农村金融供给不足问题。政府的扶植政策，应着力于"引导"，并保证农村金融体系运行的可持续性。近期，政府可重点考虑以下措施：

第一，对农村金融机构进行税收等方面支持。可让农村金融机构继续享受较大幅度的税收优惠，部分金融机构如小额信贷公司和农业保险公司可考虑免征增值税，对其他金融机构发放的涉农贷款利息收入也可在增值税和所得税方面给予更大优惠。同时，支持农村商业银行、农村合作银行、村镇银行等农村中小金融机构立足县域，加大服务"三农"力度，健全内部控制和风险管理制度，并落实涉农贷款增量奖励政策。

第二，建立农村小额贷款担保基金。担保基金资金来源于财政扶贫资金，可与金融机构合作开展比例担保。同时，在合作金融机构上可引入竞争机制，通过补偿率招标的方式选择确定担保基金的合作金融机构，通过市场手段建立扶贫贷款风险补偿的定价机制。

第三，充分发挥政策性金融在支持"三农"方面的积极作用。改变由专门的金融机构提供农村政策性金融业务的做法，即取消农发行作为专门的涉农政策性金融机构的地位，将对机构的补贴转为对财政部确定的涉农业务的补贴，由各类金融机构包括商业性机构与政策性机构共同或竞争开展涉农政策性业务。享受补贴的涉农业务可根据农村经济发展的实际情况，在保持基本稳定的前提下略有调整。

第四，完善"三农"领域的信息收集、处理机制。可充分借鉴日本、中国台湾地区经验，加强对各类土地农作物的精确登记和信息整理，并转化为电子信息系统。同时，应逐步发展农村各种类型的互助合作组织，形

成一定的产供销体系，创造出特色农业、现代农业。

（三）完善金融政策体系，引导"资金回流农村"

应该说，放开农村金融管制，允许适合农村金融需求的各类机构发展，就能在相当程度上解决现存的农村资金外流问题。同样，对涉农业务进行适当财政补贴，也能有效发挥引导"社会资金回流农村"的作用。当然，在农村经济尚未发展到能自发地吸引资金流入的阶段，仍有必要制定相关的直接政策，限制农村资金外流，并鼓励城市资金流入农村。

第一，严格认定可享受政策扶植的农村金融机构。只有对当地的资金投入占该机构从当地吸收的资金一定比例以上，该机构（分支机构）才能被认定为农村金融机构，享受各项税收等政策优惠。

第二，积极推动农村金融立法，强制规定全国性金融机构的分支机构或资产规模达到一定数量，必须将一定比例的资金以适当方式用于支持农业与农村经济发展。

第三，正确处理现有金融机构从农村"抽走"资金问题。一方面，作为事实，邮储、农信社及农行等金融机构像"抽水机"一样，从农村"抽走"大量资金，并投资于非农领域。而农村金融机构尚未充分发展，并与这些机构充分竞争，自然难以应对这些机构的资金外流问题。另一方面，从长期来看，在要求这些机构商业化运作的同时，却强制要求其资金回流"三农"，这种违背金融本质的要求和做法，显然并不利于实现支农的政策性目标。为此，作为过渡性措施，可暂时性规定在未来一定时期内，任何从农村地区吸收资金的金融机构，应将吸收资金的一定比例用于"三农"领域。不宜规定回流的渠道或接收机构，这些机构可将资金直接用于"三农"领域，购买农发行等金融机构发行的、用于"三农"领域的专项金融债券，也可批发给其他金融机构用于"三农"领域，财政部也可向这些机构定向发行用于"三农"的国债。此外，财政部门应给予这些机构适当激励。

参 考 文 献

1. ［印］阿马蒂亚·森著，任赜、于真等译：《以自由看待发展》，中国人民大学出版社 2002 年 7 月。

2. ［印］阿马蒂亚·森著，王利文、于占杰译：《再论不平等》，中国人民大学出版社 2016 年版。

3. ［古希腊］柏拉图著，刘国伟译：《理想国》，中华书局 2016 年版。

4. 鲍宗豪：《社会需求与社会和谐》，载于《中国社会科学》2007 年第 5 期。

5. 邴志刚：《运用财政政策手段　促进构建和谐社会》，载于《地方财政研究》2007 年第 1 期。

6. 财政部干部教育中心：《当代中国财政理论与实践》，中国财政经济出版社 2014 年版。

7. 财政部社会保障司：《加大财政对新农合支持力度　促进农村经济社会和谐发展》，载于《中国财政》2007 年第 2 期。

8. 常修泽：《人本型结构论——中国经济结构转型新思维》，时代出版传媒股份有限公司、安徽人民出版社 2015 年版。

9. 陈共：《财政学》，中国人民大学出版社 2012 年版。

10. 陈龙：《需要、利益和财政本质——"社会集中分配论"基本问题研究》，载于《财政研究》2009 年第 7 期。

11. 程永宏：《改革以来全国总体基尼系数的演变及其城乡分解》，载于《中国社会科学》2007 年第 4 期。

12. 邓力平、邓秋云：《非税收入：基于国家财政、公共财政和发展财政的分析》，载于《财政研究》2009 年第 9 期。

13. 邓子基、林致远：《财政学》，清华大学出版社 2008 年版。

14. 邓子基、张华东：《关于社会保障的统一性与层次性问题》，载于《财政研究》2009 年第 2 期。

15. 樊纲：《现代三大经济理论体系的比较与综合》，格致出版社、上海三联书店、上海人民出版社 2015 年版。

16. 范恒山：《关于社会主义和谐社会科学内涵、阶段特征和主要实现途径的探讨》，载于《经济研究参考》2007 年第 4 期。

17. 冯秀华、齐守印等：《构建现代财政制度若干问题研究》，中国财经出版传媒集团、中国财政经济出版社 2017 年版。

18. ［英］弗里德里希·奥古斯特·冯·哈耶克著，石磊编译：《哈耶克论自由文明与保障》，中国商业出版社 2016 年版。

19. 高培勇：《财政学》，中国财政经济出版社 2004 年版。

20. 高培勇：《论国家治理现代化框架下得财政基础理论建设》，载于《中国社会科学》2014 年第 12 期。

21. 高培勇：《中国财政政策报告 2007/2008：财政与民生》，中国财政经济出版社 2008 年版。

22. 郭齐勇、陈乔见：《孔孟儒家的公私观与公共事务伦理》，载于《中国社会科学》2009 年第 1 期。

23. 国家税务总局课题组：《借鉴国际经验：进一步优化中国中长期税制结构》，载于《财政研究》2009 年第 5 期。

24. 韩震：《公平正义的和谐社会与核心价值观念》，载于《中国社会科学》2009 年第 1 期。

25. 何平等：《中国发展型社会福利体系的公共财政支持研究》，载于《财政研究》2009 年第 6 期。

26. 何振一：《理论财政学》，中国社会科学出版社 2015 年版。

27. 贾康、刘薇：《财税体制转型》，浙江大学出版社 2015 年版。

28. 贾康、王桂娟等：《财政制度国际比较》，立信会计出版社 2016 年版。

29. 李建华：《公共政策程序正义及其价值》，载于《中国社会科学》2009 年第 1 期。

30. 李茂生：《构建和谐社会与深化财政体制改革的几个问题》，载于

《地方财政研究》2007 年第 1 期。

31. 李森：《现代财政制度视阈下财政理论的比较与综合》，中国财经出版传媒集团、经济科学出版社 2017 年版。

32. 李慎明：《以人为本的科学内涵和精神实质》，载于《中国社会科学》2007 年第 6 期。

33. 李忠杰：《论社会发展的动力与平衡机制》，载于《中国社会科学》2007 年第 1 期。

34. 刘乐山：《财政调节收入分配差距的现状分析》，经济科学出版社 2006 年版。

35. 刘尚希等：《大国财政》，人民出版社 2016 年版。

36. 楼继伟等：《深化财税体制改革》，人民出版社 2015 年版。

37. 吕炜：《公共财政在和谐社会构建中的制度创新与绩效评价》，载于《财经问题研究》2007 年第 12 期。

38. 马海涛：《我国公共财政改革与财政监督》，载于《财政监督》2009 年第 13 期。

39. 马海涛：《现代财政制度建设之路——"十三五"时期我国财政改革与发展规划》，中国财政经济出版社 2015 年版。

40. 马骏、刘亚平：《美国进步时代的政府改革及其对中国的启示》，格致出版社、上海人民出版社 2010 年版。

41. 马克思、恩格斯：《共产党宣言》，人民出版社 2014 年版。

42. 马全华：《和谐社会视角下促进循环经济发展的财政政策研究》，载于《中央财经大学学报》2007 年第 2 期。

43. ［美］约翰·罗尔斯著，何怀宏等译：《正义论》，中国社会科学出版社 1988 年版。

44. 蒙丽珍、古炳玮：《公共财政学》，东北财经大学出版社 2007 年版。

45. 彭健：《促进城乡基本公共服务均等化的财政对策》，载于《财政研究》2009 年第 3 期。

46. 宋丙涛：《论公共财政体系在中国经济体制改革中的基础性地位》，载于《现代财经（天津财经大学学报)》2009 年第 10 期。

47. 宋方青等：《立法与和谐社会：以人为本的理论基础及其制度化

研究》，法律出版社 2015 年版。

48. 王椿元：《公共财政与和谐社会制度构建》，载于《财经问题研究》2007 年第 10 期。

49. 王弟海：《收入和财富分配不平等：动态视角》，格致出版社、上海三联书店、上海人民出版社 2009 年版。

50. 王曙光、蔡德发：《我国财政体制 60 年：演进、运行与优化》，载于《商业研究》2009 年第 10 期。

51. 王思斌等：《和谐社会建设背景下中国社会工作的发展》，载于《中国社会科学》2009 年第 5 期。

52. 王振宇等：《构建和谐社会与财政制度创新》，载于《经济研究参考》2007 年第 17 期。

53. 吴俊培：《和谐社会的财政理论探索》，中国财政经济出版社 2007 年版。

54. 夏杰长、任子频：《向民生倾斜：和谐社会视角下财政政策的必然选择》，载于《经济研究参考》2005 年第 93 期。

55. 许毅、沈经农、陶增骥：《经济大词典·财政卷》，上海辞书出版社 1987 年版。

56. ［英］亚当·斯密著，郭大力、王亚南译：《国富论》（上、下卷），商务印书馆 2014 年版。

57. 闫坤、于树一等：《中国的市场化改革与公共财政职能转换》，社会科学文献出版社 2016 年版。

58. 阎学通：《先秦国家间政治思想的异同及其启示》，载于《中国社会科学》2009 年第 3 期。

59. 杨波：《论社会扣除理论与社会经济中的分配与调控》，载于《财政研究》2009 年第 8 期。

60. 杨春学：《和谐社会的政治经济学基础》，载于《经济研究》2009 年第 1 期。

61. 杨志清、何杨：《国际税收理论与实务》，中国税务出版社 2016 年版。

62. 姚林香：《统筹城乡发展的财政政策研究》，经济科学出版社 2007

年版。

63. 于祖尧：《中国经济转型时期个人收入分配研究》，经济科学出版社 1997 年版。

64. 张馨：《论民生财政》，载于《财政研究》2009 年第 1 期。

65. 张馨：《五个统筹与财政支出结构》，中国财政经济出版社 2008 年版。

66. 张馨等：《当代财政与财政学主流》，东北财经大学出版社 2000 年版。

67. 张勇等：《民生财政》，中国发展出版社 2015 年版。

68. 赵兴罗：《促进收入公平分配的财政制度研究》，经济科学出版社 2009 年版。

69. 赵晔：《改革开放以来中国财税体制改革研究》，西南交通大学出版社 2017 年版。

70. 赵云旗：《新中国 60 年国家财政收支变化》，载于《当代中国史研究》2009 年第 5 期。

71. 郑杭生：《改革开放三十年：社会发展理论和社会转型理论》，载于《中国社会科学》2009 年第 2 期。

72. 中共中央马克思、恩格斯、列宁、斯大林著作编译局：《资本论》（第一、第二、第三卷），人民出版社 2004 年版。

73. 钟永圣：《关于财政的本质》，载于《财政研究》2009 年第 7 期。

74. 庄巨忠、保罗·范登宝、黄益平主编，张成智等译：《中国的中等收入转型》，社会科学文献出版社 2016 年版。

75. Ahmad；Ehtisham, 2006：*Taxation Reforms and Sequencing of Inter-governmental Reform in China：Preconditions for a Xiaokang Society*, *Paper Presented at the Roundtable on Public Finance for a Harmonious Society*, Beijing, June 27 – 28.

76. Galasso；Emanuela；Martin Ravallion, 2005：*Decentralized Targeting of an Anti – Poverty Program*, *Journal of Public Economics*, Vol. 85.

77. Jalan；Jyotsna；Martin Ravallion, 2003：*Estimating the Benefit Incidence of an Anti – Poverty Program by Propensity – Score Matching*, *Journal of*

Business and Economic Statistics, Vol. 21, No. 1.

78. Justin Yifu Lin, 2012: *China's Integration with The World: Development as A Process of Learning and Industrial Upgrading*, *China Economic Policy Review*, Vol. 1, No. 1.

79. J. Y. Lin; B. Chen, 2008: *Development Strategy, Technology Choice and Inequality*, *Working Paper*.

80. Ravi Kanbu; Xiaobo Zhang, 2005: *Fifty Years of Regional Inequality in China: a Journey Through Central Planning, Reform, and Openness*, *Review of Development Economics*, Vol. 9, No. 1.

81. Rose, M. Ayhan; Ohnsorge, Franziska Lieselotte; Romer, Paul M, 2017: *Global Economic Prospects: Weak Investment in Uncertain Times*, *A World Bank Group Flagship Report*, Vol. 1, No. 1.

82. Yiping Huang; Jian Chang; Lingxiu Yang, 2013: *Consumption recovery and economic rebalancing in China*, *Asian Economic Papers*, Vol. 12, No. 1.

后　记

　　较长时间以来，我一直埋头工作，并享受与犬子舜仁和家人在一起的日子。其间，虽然工作成绩乏善可陈，但从享受家庭生活中获得的效用和福利水平，自然是任何商品组合和服务组合无法比较的。但是，与之相随的却是研究成果日渐偏少、偏短、偏虚、偏差，同时心态消极、髀肉复生、老态龙钟。间或，与人谈及研究及研究成果时，总是以部委研究机构研究水平和现状就是如此搪塞之，从不自省，检讨自己。实则，心里打鼓，心虚之极。

　　客观地讲，各种理由、借口看似合理、天经地义，实际上都是托词。客观原因都是次要的，根本原因还是主观上的懒惰导致不作为，对自己要求不严格。由此，我一直在想，经济学的基本假设对人的假设为什么没有懒惰呢？较之自私，懒惰其实也是人非常重要的本性。懒惰也是人在比较利益得失后作出的选择，也是在各种行为选择组合中做出的理性判断，我个人觉得或可以考虑将懒惰作为重要课题，并进行深入研究。比如，研究懒惰如何形成？应设计怎样的激励机制减少懒惰？从而使人更加积极作为，减少效率损失，提高个人效用和集体福利水平，等等。

　　综观中国改革历史，或许可以认为，许多改革都是危机带动、危机倒逼的，或者说是诱致性制度变迁。同样的，我之所以动笔，很大程度上也是某种特殊原因倒逼的，而非主动作为，少了些许激情。曾几何时，一度总有"三日不碰键盘，手痒痒"的冲动。这种感觉弥足珍贵，本应随着年岁和阅历而增长、越来越强烈。

　　在即将步入不惑之年时，重拾长篇课题研究，在倍感亲切之余，也倍感压力，尤其是可支配时间不够、精力不足。无论怎样，都应审慎笃行。在课题选择上，为什么敢斗胆选择财政，尤其是财政制度这么专业的主题？一则为了将自己的研究课题更加深入、更加聚焦；二则为了将过去一段时间对相关问题的思考进行总结、提炼、升华；三则为了将自己对财政的相关理解先"嘚瑟"出来，抛砖引玉，以供讨论和交流并使相关研究更加丰富、深入。

自党的十八届三中全会后，学术界关于财政、财政制度及相关问题的研究呈几何级数量剧增，可谓汗牛充栋。当财政、财税体制和财税改革总目标分别被重新定位为"国家治理的基础和重要支柱""国家治理体系的重要组成部分""建立与国家治理体系和治理能力现代化相匹配的现代财政制度"的新起点上，如何全方位地重新认识建设现代财政制度，就变成了一个极其重要的课题。但是，应确定怎样的改革理念、方向和路径，才能通过全面深化财税体制改革，实现"优化资源配置、维护市场统一、促进社会公平、实现国家长治久安"的改革目标呢？

较长一段时间以来，财税体制改革的功能与作用主要基于政府收支及其活动，通常被概括为"优化资源配置、调节收入分配和促进经济稳定"等内容及其衍生内容。显然，随着形势变化，相应地，财税体制改革的内在要求也发生了根本改变。如果仍仅停留在"物"的角度去推进现代财政制度建设，无疑将会是事倍功半，不利于全面深化改革及改革目标实现。只有兼顾经济社会发展与人的自由全面发展，一个国家才能得到全方位发展，人民才能真正有获得感，真真切切地感受幸福，才能真正拥护党和政府，才能真正实现可持续健康发展。

党的十六届三中全会，提出建设社会主义和谐社会以及完善公共财政制度等相关问题。党的十八届三中全会，将财政地位上升到新的高度，并提出了建设现代财政制度与加强现代治理的伟大构想。从逻辑上讲，两者一脉相承、前后高度关联一致。两次重大会议，既从理论高度界定了经济、社会与人的辩证关系，也为经济与财政改革实践道路指明了方向。一直以来，我都在跟踪研究中国改革，尤其是经济改革、财政改革进展及方向。同时，我也比较关注如何衡量和评价经济发展成果的问题，时常质疑一些经济改革的思想和政策实践，并一直在思考如何将经济社会发展与人的发展有机地统一起来。正如公平与效率难以有效平衡的关系一样，经济社会发展与人的发展始终也很难实现有效平衡。作为一名研究人员，我一直期待能在这个问题上破题；同时，也希望能为现代财税体制改革提出一些新的思路和想法。基于这些原因，我最终选择了这个有点跨学科的课题。

经济科学出版社副总编柳敏女士和编辑李一心女士为本书出版倾注了大量心血；同时，我的同事于晓、燕晓春、刘猛以及中国财政科学研究院博士后贾建宇、博士生赵斌对本书书稿提出了许多宝贵意见，在此一并表示衷心感谢！

当然，我能够坚持完成写作任务的动力，源于希望能为家人尤其是后代们树立一个好的榜样和形象，希望他们能够始终怀着一颗止于至善的心，不断地挑战自我、攀登高峰。同时，我也由衷地感谢我工作单位的领导和同事，尤其是中心主任周强武，与他们的"头脑风暴"，让我从他们身上获得了很多创作灵感。

在此，我还要由衷地感谢我的家人！岳父、岳母默默地扛起养育舜仁的重任，个中酸甜苦辣，我深有体会。妻子万敏博士为家庭建设的全身心付出，我也是被深深感动。弟弟振浩、振灿，外甥唐奇奇、外甥女唐方书、侄女万正芃，他们都很努力，各方面都有进步和收获，令人十分欣慰。我非常欣喜地看到，父亲近年来身心健康，希望他能安享晚年。

愿母亲能在天国看到我们的成长进步，您永远与我们同在！

我坚信，我只有把工作做得更出色、生活过得更好，才是对他们最好的报答。只有大家共同不懈地努力，才能真正实现自身的自由全面发展。

胡振虎

二〇一七年六月二十八日